Logik und Erkenntnistheorie

WIENER ARBEITEN ZUR PHILOSOPHIE

Reihe B: Beiträge zur philosophischen Forschung
Herausgegeben von Stephan Haltmayer

Band 22

PETER LANG

Stephan Haltmeyer

Logik und Erkenntnistheorie

Istanbuler Vorlesungen.
Herausgegeben von Erhard Oeser

PETER LANG

Bibliografische Information der Deutschen Nationalbibliothek
Die Deutsche Nationalbibliothek verzeichnet diese Publikation in
der Deutschen Nationalbibliografie; detaillierte bibliografische
Daten sind im Internet über http://dnb.d-nb.de abrufbar.

Umschlagabbildung:
Die Bildausschnitte auf der Umschlagseite zeigen Platon und
Aristoteles aus Raffaels „Philosophenschule von Athen"
und einen Panoramablick auf Konstantinopel von Carl Neumann.

ISSN 0948-1311
ISBN 978-3-631-76580-7 (Print)
ISBN 978-3-631-77895-1 (E-PDF)
ISBN 978-3-631-77896-8 (EPUB)
ISBN 978-3-631-77897-5 (MOBI)

© Peter Lang GmbH
Internationaler Verlag der Wissenschaften
Berlin 2019
Alle Rechte vorbehalten.

www.peterlang.com

Vorwort

Aristoteles in der arabischen Tradition war das Thema meines letzten Gesprächs mit Stephan Haltmayer. Die hier vorgelegten Istanbuler Vorträge Haltmayers beschäftigen sich vor allem mit dem Aristotelischen Organon. Der Hauptgrund für diese Vorträge über Logik und Erkenntnistheorie war bei ihm das Anliegen, die kulturübergreifende Bedeutung der Aristotelischen Philosophie nicht nur im arabischen, sondern auch im gesamten islamischen Raum also auch für die Türkei nachzuweisen.

Dabei ergibt sich nun die Frage, inwieweit die türkische Tradition zur arabischen Kultur gehört, was ja seit dem Untergang des Osmanischen Reiches mit der Abschaffung der arabischen Schrift fragwürdig geworden ist. Mit dem Aufbruch der islamischen Kultur im Mittelalter erlangte die arabische Sprache einen höheren Stellenwert, den sie zuvor nicht hatte. Sie war dann nicht nur eine Sprache der Religion, d.h. des Koran, sondern sie war auch wie die lateinische Sprache in Europa die universale Sprache der Wissenschaft und Philosophie. Das trifft auch für die mittelalterlichen islamischen Autoren auf dem Gebiet der heutigen Türkei zu.

Stephan Haltmayers Istanbuler Vorträge, die in den diversen türkischen Jahrbüchern, vor allem in dem von der Universität Istanbul herausgegebenen „Felsefe Arkivi" erschienen sind, enthalten genau die zentralen Themen seiner lebenslangen Bemühungen um die Interpretation und Aktualisierung der Aristotelischen Philosophie. Da aber diese Texte den deutschen bzw. österreichischen Lesern unbekannt geblieben sind, weil kaum jemand die in Istanbul auf Deutsch und Türkisch erschienene Jahrbüchern besitzt, habe ich sie chronologisch aufgereiht und in dem vorliegenden Buch in der von Stephan Haltmayer selbst autorisierten deutschen Version wiedergegeben. Ich hoffe damit meinem Freund und langjährigen Mitarbeiter einen wohlverdienten Dienst erweisen zu können.

Bedanken möchte ich mich bei meinen türkischen Freunden Safak Ural und Teoman Ural, die diese Vortragsreihe organisiert haben und bei Dr. Helga Stadler, die in jeder Hinsicht das Erscheinen des vorliegenden Buches unterstützt hat.

Erhard Oeser

Inhaltsverzeichnis

Einleitung von Erhard Oeser
Aristoteles in der arabischen Tradition

Stephan Haltmayer hat frühzeitig, als er an seiner Habilitation gearbeitet hatte, festgestellt, dass einer der bedeutendsten deutschen Philosophen des 19. Jahrhunderts und Kenner der arabischen Sprache, Friedrich Wilhelm Schelling, die Ansicht vertreten hat, dass der „eigentliche Lehrer des Morgen- wie des Abendlandes" Aristoteles war. Daraus ergab sich bei Stephan das Anliegen, die kulturübergreifende Bedeutung der Aristotelischen Philosophie nicht nur im arabischen, sondern auch im gesamten islamischen Raum nachzuweisen. Verwirklicht wurde dieses Anliegen im „Philosophischen Kreis Wien-Istanbul" (Viyana-Istanbul Felsefe Çevresi). Dieser wissenschaftliche Verein wurde im Anschluss an meine Gastvorlesungen 1984 über „Wissenschaftlichen Universalismus" an der Universität Istanbul gegründet. Die Leitfigur in der türkischen Philosophie war damals der aus dem heutigen Turkmenistan stammende Alfârâbi, der als Erklärer des Aristoteles, schon zu seinen Lebzeiten mit dem ehrenden Beinamen eines „zweiten Meisters" ausgezeichnet worden ist. Stephan Haltmayer war nicht nur Mitglied dieses philosophischen Kreises, sondern hat mich bei den fast jährlich an der Universität Istanbul stattfindenden Tagungen begleitet und selbst Referate abgehalten – natürlich über Aristoteles.

Tatsächlich waren für den arabischen Philosophen aus Cordóba, Averroes (ibn Rushd), die Werke des Aristoteles die zuverlässigste wissenschaftliche Wahrheit, die in allen Zweifelsfragen als Richtschnur zu gelten hatte, weil sie nach seiner Meinung das Beste ist, was man auf diesem Gebiet finden konnte. Die Übernahme der Aristotelischen Philosophie und Wissenschaft durch die Araber in Al-Andalus ist daher auch als der Ursprung und Beginn des Dialogs der Kulturen zu betrachten. Und zwar dadurch, dass die rationale Philosophie des Aristoteles von Averroes über die Religion gestellt wurde, war es in diesem vom Islam beherrschten Teil Spaniens möglich, einen für das Zusammenleben von Muslimen, Christen und Juden toleranten Humanismus zu entwickeln. Diese unübersehbare kulturgeschichtliche Leistung des mittelalterlichen Al-Andalus bildete später auch die Grundlage der Hochschätzung der arabisch-islamischen Kultur in der europäischen Tradition des 18. und 19. Jahrhunderts.

Die Beschäftigung mit der islamischen Philosophie und Wissenschaft hat mich im Gegensatz zu der heutzutage überwiegenden Ablehnung islamischen Gedankenguts zur Ansicht gebracht, dass eine Einbeziehung der arabisch-islamischen Kommentatoren der antiken griechischen Philosophie zu einer gerechteren Beurteilung der naturwissenschaftlichen Schriften des Aristoteles führen kann, die bisher von der modernen westlichen Philosophie und Wissenschaftstheorie vernachlässigt worden sind. Dass diese Ansicht nicht unberechtigt ist, wird auch durch die gegenwärtige Meinung arabisch-islamischer Wissenschaftler und Philosophen unterstützt, die in dem Modell des friedlichen Zusammenlebens von Muslimen, Christen und Juden im mittelalterlichen Andalusien ein historisches Vermächtnis und ein Vorbild für die Zukunft sehen. In dieser Ansicht wurde ich vor allem durch die Diskussion mit meinem arabischen Kollegen aus Tunis Mohamed Turki bestärkt, dem ich anlässlich seines Lehrauftrages an der Universität Wien begegnet bin. Schließlich waren es ja die arabischen Autoren des Mittelalters, welche das Gesamtwerk des Aristoteles, sowohl die philosophischen und naturwissenschaftlichen Schriften als auch seine systematisch begründeten Ansichten über Ethik, Recht und Politik nicht nur übernommen, sondern schon lange vor der europäischen Renaissance und Aufklärungsphilosophie weiterentwickelt haben.

Es waren vor allem die Übersetzungen und Kommentare zu den Schriften des Aristoteles, welche die Gelehrten Europas von den Arabern entlehnten. Und auf diese Weise sagt Herder „die Fackel der Wissenschaft für das damals barbarische Europa anzündeten" (Herder 1792, Vierter Teil, S. 44). Dass die Araber „nach Spanien auch die neuen Wissenschaften und Künste gebracht hatten" war auch die Meinung des großen Philosophen der europäischen Aufklärungszeit Voltaire (Voltaire 1785, chap. XXVII, S. 480 f.). Voltaire war es auch, der als die Araber durch die Reconquista, die Wiedereroberung Spaniens durch das christliche Heer Isabellas von Kastilien und Ferdinands von Aragon vertrieben wurden, feststellen musste, dass danach „Unwissenheit alle diese schönen Länder bedeckte" (Voltaire 1867, 5. Teil, S. 265 f.). Später sind ihm vor allem Dichter wie Heinrich Heine, Chateaubriand, Washington Irving, Benjamin Disraeli und Garciá Lorca in dieser Ansicht gefolgt.

Alfârâbi und die anderen islamischen Autoren aus Asien gehören insofern zur arabischen Tradition, weil sie ihre Werke auf Arabisch verfassten, die nicht nur die Sprache des Koran, sondern auch die Sprachen der Wissenschaft war. Aber es war vor allem der arabisch beherrschte Teil Spaniens, der den größten Einfluss auf Europa hatte, weil dort der Ausgangspunkt der Wiedererweckung der klassischen griechischen Philosophie und Wissenschaft war. Es waren die arabischen Übersetzungen vor allem der Werke des Aristoteles, die zuerst zu einer Restauration der griechischen Wissenschaft und Philosophie im mittelalterlichen Europa führten. In diesem Sinn hat bereits im Jahr 1897 der britische Historiker Stanley Lane-Poole in seinem Werk „The Moors of Spain" festgestellt: „Die Geschichte Spaniens bietet uns einen melancholischen Kontrast. Fast acht Jahrhunderte lang gab Spanien unter seinen muslimischen Herrschern ganz Europa ein leuchtendes Beispiel für einen zivilisierten und aufgeklärten Staat ... Mit Granada fiel auch alle Größe

Spaniens. Es folgten die Schwärze und Finsternis, worin Spanien seitdem versunken ist" (zitiert nach Richard Fletcher, Moorish Spain, Berkeley 1992).

Was man aus diesen Ansichten lernen kann, ist die historische Tatsache, dass die Idee von Al-Andalus, mehr ist als ein Mythos, wie heutzutage manchmal behauptet wird. Sie war kein Hirngespinst maurophiler Romantiker, sondern war zumindest zeitweise konkrete historische Realität. Die Kultur des Islam mag in den Wüsten Arabiens entstanden sein, dennoch war sie es, die das europäische Erbe der antiken Philosophie bewahrt, weiterentwickelt und wieder nach Europa gebracht hat. Gerade durch diese historische Kontinuität hat sich vor allem die aristotelische Philosophie, und keine andere der philosophischen Richtungen der Gegenwart, als die Philosophia perennis schlechthin erwiesen.

Wer sind nun jene arabischen Autoren, welche die griechische Philosophie mit ihrer Leitfigur Aristoteles für das europäische Abendland aufbewahrt und weiterentwickelt haben?

Abb. 1: Die arabisch islamischen Komentatoren des Aristoteles

Die arabischen Autoren

Alfârâbi   ibn Sina

ibn Rushd   al-Ghazali   Moses Maimonides

11

In den folgenden Ausführungen muss ich mich nur auf eine kurze Darstellung der wichtigsten arabischen Autoren beschränken. Eine ausführliche Darstellung ihrer Kommentare und Weiterentwicklung der Aristotelischen Ideen mit einer vergleichenden Gegenüberstellung der Originalschriften des Aristoteles findet man in meinem Buch über das Vermächtnis von Al-Andalus, aus dem auch die Abbildungen entnommen sind.

Was die Bezeichnung „arabisch" ausdrückt, lässt diese sich folgendermaßen erklären: Die Kultur des klassischen Islams ist eine Kultur arabischer Sprache (Endress 1986, S. 164). Sie war aber auf diese Weise nicht nur eine Sprache der Religion, sondern wie die lateinische Sprache in Europa die universale Sprache der Wissenschaft und Philosophie. Vor allem hatte die arabisch-islamische Philosophie das Verdienst, dass sie nach einer Zeit der Vergessenheit die Philosophie des Aristoteles und seine naturwissenschaftlichen Ansichten nach Europa wieder zurückbrachte. Außerdem steht fest, dass die großen Philosophen des Islam vor allem aber Averroes gestützt auf Aristoteles zuerst das Licht der Aufklärung bereits Jahrhunderte früher als Rousseau, Voltaire und Kant in der europäischen Philosophie verbreitet haben. Während eine beachtliche Reihe von Orientalisten und Islamwissenschaftler nachzuweisen versuchte, dass Kultur und Wissenschaft der griechischen Antike im mittelalterlichen Europa erst durch die islamische Vermittlung verbreitet worden seien, stellte Sylvain Gouguenheim, Professor für mittelalterliche Geschichte an der École Normale Supérieure (Lettres et sciences humaines) in Lyon, in seinem Buch „Aristoteles auf dem Mont Saint-Michel" diese These infrage, indem er behauptet, christliche Mönche hätten auf dem Mont Saint-Michel philosophische Texte der Griechen ins Lateinische übersetzt, lange bevor Aristoteles in Toledo aus dem Arabischen übersetzt wurde. Daher hätten die Europäer ohne Hilfe der Araber Aristoteles selbst entdeckt. Doch die meisten Fachleute an den Universitäten Frankreichs, Englands und auch Deutschlands lehnten Gouguenheims These ab. Tatsächlich hat die Forschung der letzten Jahrzehnte mehr und mehr deutlich gemacht, wie tiefgreifend Europa im 12. und 13. Jahrhundert von der arabischen Kultur beeinflusst wurde. Davon zeugt auch der Disput zwischen Ernest Renan und Jamal al-Din al-Afghani.

In diesem Zusammenhang weist al-Afghani auf die historische Leistung des von Arabern oder Mauren besetzte Andalusien hin, in dem Averroes zuerst die Philosophie und Wissenschaft des Aristoteles, die in Europa in Vergessenheit geraten war, durch seine Kommentare wieder neu belebt hat: „Die Europäer zeigten kaum Interesse für die Philosophie bis zu dem Tage an dem die arabische Zivilisation mit ihren Reflektionen die Gipfel der Pyrenäen erleuchtete und ihr Licht und ihren Reichtum in den Westen goss. Erst dann hießen sie Aristoteles willkommen, der derweil ausgewandert und ein Araber geworden war." (Zit. nach Oeser 2017, S. 74). Dabei muss berücksichtigt werden, dass es bei dem arabischen Schrifttum nicht um die ethnische Zugehörigkeit der Autoren geht. Unter ihnen gab es nicht nur Araber, sondern auch Türken oder auch wie Moses Maimonides oder ibn Gabirol Juden, deren Werke erst später auf Hebräisch oder auf Latein übersetzt worden sind.

So war auch Alfârâbi (870–950) der eigentliche Begründer der islamischen Philosophie türkischer Herkunft. Er ging nach einem Studium in seiner Heimat, dem heutigen Turkmenistan, nach Bagdad, wo er bei dem führenden Grammatiker seiner Zeit die arabische Sprache erlernte. Nach dem Urteil seiner Zeitgenossen wurde Alfârâbi als Erklärer des Aristoteles mit dem ehrenden Beinamen eines „zweiten Meisters" ausgezeichnet. Er verfasste Kommentare zu den naturwissenschaftlichen Schriften des Aristoteles, zur Physikvorlesung, zur Abhandlung über den Himmel, zur Meteorologie und auch zur Ethik des Aristoteles. Sein Verdienst war es, dass er auch die Lehre von der Weltschöpfung bei Platon mit der Lehre von der Ewigkeit des Weltalls bei Aristoteles vereinigte.

Auch Ibn Sina (lat. Avicenna) stammte wie Alfârâbi aus dem Osten der islamischen Welt, dem sogenannten „Mashriq". Er ging von den Lehren Alfârâbis aus, modifizierte diese aber dadurch, dass er manche neuplatonische Annahmen fallen ließ und sich mehr der eigenen Lehre des Aristoteles annäherte (vgl. Ueberweg 1915, S. 375). Nach dem Urteil von Max Horten war Avicenna ein hauptsächlich auf die Naturwissenschaften gerichteter Geist, der sich auch in den höchsten Fragen der metaphysischen Spekulation betätigte. Sein philosophisches Hauptwerk, das Buch von der „Genesung der Seele" ist eine umfangreiche Enzyklopädie von mehr als 2000 Seiten, die nicht nur die Metaphysik, sondern auch die Mathematik und die Naturwissenschaften mit Ausschluss der Botanik und Zoologie umfasst. Nach dem Bericht eines Augenzeugen soll er sie in zwanzig Tagen einem arabischen Schnellschreiber diktiert (vgl. Horten in: Avicenna 1907, S. VI). Gegen Ende seines Lebens wurde er von den islamischen Theologen kritisiert, von der Justiz verfolgt und sogar monatelang gefangen gehalten. Trotzdem hatte das philosophische Hauptwerk Avicennas Jahrhunderte lang einen großen Einfluss auf die islamische Philosophie ausgeübt. So hatte der Glossator der im Jahre 1672 verfertigten Handschrift der Metaphysik des Avicenna die drohenden Worte ausgesprochen: „Diejenigen, die die ‚Genesung der Seele' verschmähen, stehen am Rande einer Feuergrube, weil sie dem Untergang geweiht sind" (Avicenna 1907, S. 772).

Von Avicenna stammt auch die Romanfigur Hayy ibn Yaqzan, die später in dem Inselroman des Arabers Ibn Tufail wiederkehrt. Das Beispiel dieses Romans zeigt auch, dass die Anfänge der Beschäftigung der Europäer mit den arabischen Philosophen fast 200 Jahre zurückreichen. Unter den deutschen Philosophen war es vor allem, wie bereits eingangs erwähnt, Schelling, der die Bedeutung der arabischen Literatur und Wissenschaft erkannt hat. Schelling hatte für diese Ansicht auch die sprachliche Kompetenz. Denn er hatte bereits in jungen Jahren, angeregt durch seinen Vater Joseph Friedrich Schelling, der einer der führenden Orientalisten seiner Zeit war, Arabisch gelernt (vgl. Schmied-Kowarzik 2015, S. 17 f.). Dass er sich ausführlich mit arabischen philosophischen Texten beschäftigt hat, ist durch ein entsprechendes Zitat aus Schellings Münchner Vorlesungen vom Jahre 1827 nachweisbar. Dort sagt er: „Es existiert in arabischer Sprache ein Roman oder eine Erzählung unter dem Titel: Philosophus Autodidactus, wo ein Kind fingiert wird, das von seiner Mutter gleich nach der Geburt auf einer Insel des indischen Oceans ausgesetzt wird, und das nur stufenweise durch Anwendung des ihm an- oder eingeborenen Verstandes zu allen philosophischen Begriffen und Einsichten gelangt" (Schelling X, S. 78, Münchner Jubiläumsausgabe 1927, Fünfter Band S. 148).

Der Vollender der Übernahme des Aristoteles in die islamische Philosophie war jedoch ibn Rushd (lat. Averroes). Von ihm heißt es in der Geschichte der Philosophie im Islam des Holländers de Boer: „Es ist, als ob die Philosophie der Muslime in ihm zum Verständnis des Aristoteles kommen soll, um dann fertig sterben zu können" (de Boer 1901, S. 167). Ibn Rushd wurde in Córdoba im Jahre 1126 geboren. Er entstammte einer Familie von Rechtsgelehrten, die bekannte juristische Werke verfassten und das Richteramt bekleideten. So war sein Großvater ebenso sein Vater oberste Richter von Córdoba. Averroes erhielt in seiner Jugend von zwei Ärzten Unterricht in Medizin und Mathematik. Von der Medizin kam er zur Philosophie, ohne die, wie er selbst sagt, diese Wissenschaft unvollendet bleibt. Er beruft sich dabei auf Galen, der in einer Abhandlung klargemacht hat, „dass der tüchtige Arzt notwendig Philosoph sein muss" (Averroes 1984, fol. 94r 7–11). Deutlicher als mit den folgenden Worten des Averroes kann man seine Rückkehr zu Aristoteles kaum erkennen, wenn er über dessen Weltvorstellung sagt: „ Die Welt ist eine einzige und geht aus einem einzigen Prinzip hervor. Das Eine ist in einer Hinsicht Ursache der Einheit, in einer anderen der Vielheit. Weil nun keiner vor Aristoteles dieses erkannt hatte und sein Verständnis schwierig war, erkannten es nur wenige der Nachfolger des Aristoteles" (Averroes 1912, S. 160). Diese Worte waren auch gegen Alfârâbi und Avicenna gerichtet. Trotzdem wehrt sich aber Averroes gegen die „Hetzerei gegen die Philosophen wie Avicenna, Farabi und andere", die al-Ghazâli vor allem wegen deren Ansichten von den „Ungesetzmäßigkeiten" der Bewegungen der Himmelskörper veranstaltete. Denn nach der Meinung von Averroes gehört al-Ghazâli nicht zu den in den Naturwissenschaften Gebildeten, die ihre Beweise an dem entsprechenden Ort, in diesem Fall der Astronomie, aufsuchen. Diese wissenschaftlichen Beweise besitzen mehr Überzeugungskraft als die der Theologen. Gerade in Sachen Astronomie kann sich Averroes auf Aristoteles berufen, der keine bloßen Spekulationen zu seinen Ansichten über die Bewegungen der Himmelskörper, sondern mathematische Beweise in Sinne der euklidischen Geometrie geliefert hat (Averroes 1913, S. 60). Außerdem waren Aristoteles bereits die riesigen Entfernungen der Sternenwelt und Planetensphären untereinander bekannt. So sagt er: „Wie sich jetzt aus den astronomischen Forschungen ergibt, übertrifft die Größe der Sonne die der Erde und ist der Abstand der Fixsterne von der Erde vielfach größer als der der Sonne, so wie die Sonne von der Erde weiter entfernt ist als der Mond" (Aristoteles 1970, S. 23). Deswegen ist auch die übliche Darstellung des geozentrischen Weltsystems in ineinander geschachtelten Kreisen mit gleichen Abständen untereinander für Aristoteles nicht zutreffend. Die von Averroes am stärksten vertretene Wende der islamischen Philosophie zurück zu Aristoteles hatte ihm in seinen späten Jahren ein Verbot seiner Schriften und seine Verbannung eingetragen. Vorausgegangen war dieser Rechtfertigung der Übernahme der Aristotelischen Philosophie in den Islam die Kontroverse mit al-Ghazâli, der selbst zwar von den Lehren Alfârâbis und besonders auch Avicennas ausging, diese aber in seinem bekanntesten Werk „Tahafut al-falasifa (Inkohärenz der Philosophen)" einer differenzierten Kritik unterwarf, die im Westen in der lateinischen Übersetzung unter dem Titel „Destructio philosophorum" Berühmtheit erlangt hatte. Averroes schrieb zur Entgegnung auf diese Kritik seine „Destructio destructionis philosophorum".

Eine besondere Stellung unter den arabisch schreibenden Philosophen nimmt Moses Maimonides ein. Sein philosophisches Hauptwerk, das er in Kairo vollendete, ist der auf Arabisch verfasste „Führer der Unschlüssigen" (Dalât al-Hâirin). Es ist in erster Linie ein Dokument dafür, wie eine Lösung der beiden entgegengesetzten Bereiche von rationaler Philosophie und Offenbarungsreligion zustande kommen sollte, und übte bis zur Neuzeit besonders aber seit der Aufklärung einen großen Einfluss aus. Es diente als Lehrbuch der Philosophie allgemein und wurde als erster Schritt zum Erwerb europäisch-säkularisierter Allgemeinbildung und Wissenschaft angesehen. Im 19. Jahrhundert wurde Maimonides zum Vorbild des liberalen Judentums, das ihn im Sinne des modernen Rationalismus umdeutete und als Beweis dafür verwertete, dass die jüdische Religion in ihrem Kern eine universalistisch und humanistisch orientierte Vernunftreligion gewesen sei, was auch so von Lessing in seinem „Nathan, der Weise" für die islamische Religion angenommen wurde. Zur Entstehungszeit des „Führers der Unschlüssigen" fehlte jedoch im Judentum noch ein entsprechendes sprachliches Begriffssystem, um zu adäquaten Formulierungen zu kommen, mit denen man in der Frage des Verhältnisses von rationaler Philosophie und Offenbarungsreligion zu Lösungen gelangen könnte. Denn die biblisch-talmudische Sprache bot dafür nur bildlich-gleichnishafte Mittel. Dies wurde in den Jahrhunderten nach der arabischen Eroberung anders. Das Arabische wurde im gesamten islamisch beherrschten Bereich gemeinsame Kultursprache auch der Juden und Christen. Dabei wurde immer häufiger und konsequenter die antike Philosophie herangezogen, bis sie dann unter dem Einfluss der Philosophie des Aristoteles ihren Höhepunkt in der Zeit von Moses Maimonides um die Wende vom 12. zum 13. Jh. erreichte (vgl. Einleitung von J. Maier zu Maimonides 1995, S. XXXVI). Mit der Übernahme des Arabischen als Schriftsprache folgte man auch bei den Juden dem islamischen Beispiel der Anwendung der antiken Philosophie für theologische Kontroversen. Moses Maimonides war schon durch seine vielfältige Ausbildung am besten geeignet, im Geiste von Al-Andalus durch Übernahme der griechischen Philosophie, sowohl des Aristotelismus als auch der neuplatonischen Richtung, unter Einbeziehung seiner arabischen Vorläufer eine auch für das Judentum akzeptierbare Grundlage zur Lösung der Konflikte zwischen rationaler wissenschaftlich begründeter Philosophie und Religion zu liefern. Als Kind einer angesehenen jüdischen Familie Córdobas erhielt Moses Maimonides die Unterweisung in die jüdische Lehre durch seinen Vater, einen Rabbiner und Richter. Arabische Lehrer unterrichteten ihn in Philosophie und Naturwissenschaften. Sein arabischer Name, unter dem er seine wissenschaftlichen und philosophischen Werke auf Arabisch verfasste, lautet Abū ʿImrān Mūsā ibn ʿUbaidallāh Maimūn al-Qurṭubī, während er seine theologischen Werke, wie „Mischne Tora", die Überarbeitung der rabbinischen Rechtsauslegung in 14 Bänden, unter seinem hebräischen Namen Mosche ben Maimon auf Hebräisch verfasste. Der Aufenthalt von Moses Maimonides in seiner Geburtsstadt Córdoba währte jedoch nicht lange. Bereits als Vierzehnjähriger floh Maimonides im Jahr 1149 mit seiner Familie vor den Judenverfolgungen aus Córdoba.

Die Beschäftigung mit der griechischen Philosophie vor allem mit Aristoteles hatte auch unter den aufgeklärten islamischen Herrschern eine befreiende Wirkung. Nach der Ansicht der orthodoxen Theologen war es im Islam ein Todesverbrechen an die Erschaffung des Korans in der Form zu glauben, dass man ihn mit der Erschaffung der Welt gleichzeitig entstehen ließ. Wie radikal der Kalif von Bagdad al-Mamun, der Sohn des berühmten Harun al-Raschid, diese Haltung bekämpfte, geht aus einem Schreiben an seinen Vertrauten und Chef der Polizei in Bagdad, Ishaq ibn-Ibrahim im Jahre 833 hervor. Darin forderte er diesen auf, dass er die Richter und traditionalistischen Theologen danach fragen solle, ob der Koran ewig oder zeitlich entstanden sei. Wer unter ihnen der Auffassung des Kalifen war und die zeitliche Entstehung des Korans ausdrücklich bejahte, wurde in seinem Amt bestätigt. Wer jedoch die ewige Existenz des Korans behauptete, sollte entweder enthauptet oder eingekerkert werden.

Am Schluss möchte ich noch einen Blick auf ibn Rushd als Symbol des andalusischen Modells in der modernen arabischen Kultur werfen. Ibn Rushd wird bei den heutigen aufgeklärten arabischen Intellektuellen als Vollender der Übernahme und Weiterentwicklung der Aristotelischen Philosophie und als die symbolische Figur des andalusischen Kulturmodells angesehen. In der arabischen Welt entstand dieses neu erweckte Interesse an dem Philosophen von Córdoba ab Mitte des 19. Jahrhunderts und wurde von Jahr zu Jahr umfassender und komplexer. Die aufgeklärte und säkulare Richtung im heutigen arabischen

Sprachraum führte im Unterschied zur religiös-theologischen Richtung zu einer größeren Gewichtung des rationalen und wissenschaftlichen Aspekts im Denken ibn Rushds. Damit wird aber auch die These vertreten, dass der wahre Standpunkt ibn Rushds vor allem aus seinen Kommentaren zu Aristoteles und nicht aus seinen islamisch-rechtlichen und theologischen Abhandlungen hergeleitet werden kann. Dabei geht man davon aus, dass man das Eingeständnis voraussetzt, dass es in Anlehnung an ibn Rushd überhaupt möglich ist, die von der Theorie des Kampfes der Kulturen aufgeworfenen Schwierigkeiten zu lösen. Denn dem Richter und Philosophen von Cordoba wäre es keineswegs in den Sinn gekommen, an einen Kampf der Kulturen zu denken. Der Kampf der Kulturen stellt ein Problem der heutigen Zeit dar. Er ist das Produkt eines komplizierten und erbitterten Konfliktes im Rahmen der internationalen Beziehungen. Dieser Kulturkrieg tobt seit einiger Zeit zwischen den beiden fundamentalistischen Richtungen auf westlicher und islamischer Seite. Nur wenn man einen ausgewogenen Standpunkt als Ausgangspunkt einnimmt, lässt sich das vermeiden. Denn ein solcher ausgewogener Standpunkt war derselbe, von dem ausgehend ibn Rushd die Beziehung der islamischen Scharia zur griechischen Philosophie betrachtete.

Im Gegensatz zum islamischen Traditionalismus, machte sich ibn Rushd mit seltener Kühnheit und Entschlossenheit daran, die Werke der griechischen Philosophen, Wissenschaftler, Mediziner und Astronomen mit Anerkennung zu kommentieren. Sein Hauptanliegen lag darin, danach zu suchen, was die Menschheit vereint, und nicht danach, was sie trennt und voneinander entfernt. Denn alle Kulturen und Völker haben letztendlich dieselbe Grundlage, weil der Mensch sich naturgemäß nach Glück, Gerechtigkeit und Wahrheit sehnt. Der Unterschied zwischen ihnen liegt allein in der historischen Differenz, d.h. im Grad der historischen Fähigkeit, die fortschrittlichen Begriffe der Wahrheit, der Freiheit und der Gerechtigkeit nachvollziehen zu können. „Wir dürfen nicht vergessen, dass der Westen das, was er erreicht hat, erst nach einem erbitterten und viele Jahrhunderte andauernden Kampf zustande gebracht hatte" (Mesbahi 2011, S. 64). „Anstatt konfliktreiche und blutige Grenzen und Mauern zwischen den Kulturen zu entwerfen, ermöglicht die Schaffung eines gemeinsamen neutralen Dialogs der Kulturen einen Zugang zur Geschichte der Wahrheit, welche die gesamte Menschheit miteinander teilt" (Ali Benmakhlouf 2015, S. 8).

Insofern kann man sagen, dass Stephan Haltmayers Istanbuler Vorlesungen, die auch in türkischer Sprache erschienen sind, einen wesentlichen Beitrag zum Dialog zwischen den Kulturen geliefert haben.

Literatur zur Einleitung

Aristoteles: Meteorologie in vier Büchern. Über die Welt. Dt. H. Strohm WBG Darmstadt 1970.

Averroes: Commentaria Averrois in Galenum. Edidit Maria della Concepcion Vasquez de Benito dela Universidad de Salamanca. Madrid 1984.

Averroes: Die Hauptlehrendes Averroes nach seiner Schrift: Die Widerlegung des Gazali aus dem arabischen Originale übersetzt und erläutert von Max Horten. Marcus und Webers Verlag Bonn 1913.

Averroes: Die Metaphysik des Averroes. Nach dem Arabischen übersetzt und erläutert von Max Horten. Minerva Frankfurt a. M. 1960

Benmakhlouf, A.: Pourquoi lire les philosopes arabes? L'heritage oublié. Paris 2015.

De Boer, T. J.: Geschichte der Philosophie im Islam. Stuttgart 1901.

Endress, G: Grammatik und Logik. Arabische Philosophie und griechische Philosophie im Widerstreit. Ein Forschungsbericht. In: Burkhard Mojsisch (Hrsg.): Sprachphilosophie in Antike und Mittelalter. Amsterdam 1986.

Fletcher, Richard: Moorish Spain. Orion Publishing Co London 2001.

Herder, J. G.: Ideen zur Philosophie der Geschichte der Menschheit. Christian Gottfried Schmieder Carlsruhe 1792.

Horten, M: Avicenna. Verlag von Rudolf Haupt Halle a. S. 1907.

Mesbahi, M: In welchem Sinn könnte Ibn Rushd einen Zugang zum Dialog der Kulturen bieten? In: Arabische Philosophie heute. Concordia 59, 2011.

Mose Ben Maimon: Führer der Unschlüssigen. Felix Meiner Hamburg 1995.

Oeser, E: Das Vermächtnis von Al-Andalus. Dialog statt Kampf der Kulturen. Akademiker Verlag Saarbrücken 2017.

Schmied-Kowarzik, W.: Existenz denken. Schellings Philosophie von ihren Anfängen bis zum Spätwerk. Verlag Karl Alber Freiburg/München 2015.

Ueberweg, Fr: Grundriss der Geschichte der Philosophie der patristischen und scholastischen Zeit. Mittler Berlin 1915.

Voltaire: Essai sur les moeurs et l'esprit des nations. Jean-Jaques Tourneisen A Basle 1785.

Stephan Haltmayers Istanbuler Vorträge

1. Logik und Erkenntnistheorie – ihr Unterschied und ihr Zusammenhang (1991)

1. „Alles in Denkschritten erfolgende Lehren und Lernen" – somit alles (der Logik verpflichtete) Erkennen überhaupt – „geschieht aufgrund vorhergehender Kenntnis" [zuletzt: aus vorhergehender Erkenntnis]. Man kann sich dies auf allen Gebieten klarmachen, denn von den Wissenschaften verfahren [sogar] die mathematischen und sonst [auch] alle Künste auf diese Weise. Das Gleiche gilt für die Argumentation [z.B. im Reden]: sie verfährt einesteils durch Schlüsse und andernteils durch Epagoge [„Induktion"] (siehe dazu die z.T. benützten Übersetzungen von E. Rolfes, P. Gohlke und H. Seidl) – so beginnt Aristoteles seine Zweite Analytik, „Aufgrund vorhergebender Kenntnis" (bzw. Erkenntnis) sagt er – das heißt in anderen, gleichfalls von ihm stammenden und auf derselben Linie liegenden vertrauteren Worten: zuletzt aufgrund apriorischer Kenntnis (Erkenntnis); denn alle Kenntnis (bzw. einerseits dynamisch, andererseits finalisiert verstanden: alle Erkenntnis) bewegt sich in einem Raum doppelseitiger Verspannung und ist im Bereich des einen Brennpunkts dieses Spannungsraums „früher und bekannter für uns" erfahrungsverhaftete Menschen und des anderen Brennpunkts „früher und bekannter schlechthin" (vgl. hierzu z.B. Anal. post. 12, 71 b 33–72 a 5). Apriorisch heißt hier – also schon vor mehr als 2300 Jahren –, dass der Protokollsatz des Wiener Kreises (siehe bei Schlick 1934, S. 79 f.), welcher von (spannungsloser) Punktualität oder Vereinzelung ausgehen zu können vorgibt, keine legitime Ausgangslage des Erkenntnisprozesses sein kann. (Apriorisch besagt hier auch, dass, wie K.R. Popper in seiner „Objektiven Erkenntnis" Abschn. 11 18 sagt, alles Erkennen theoriegetränkt ist). Apriorisch hat hier von allem auch schon die Bedeutung von allgemein: allgemein zunächst schon in dem Sinn, dass dabei eine nicht bloß lineare, sondern eine sich auf eine übergreifende Ebene berufende Begründungsform in Erscheinung tritt – eine Begründungsform, die, was ihren Temporalitätsaspekt anlangt, Kenntnis bzw. Erkenntnis nur dort vorliegen hat, wo eine Gegenwärtiges und Vergangenes verbindende Gemeinsamkeit oder Identität besteht; allgemein daher schließlich in dem Sinne, dass dabei bestimmte Zeitlichkeit transzendiert wird – etwa jene Zeitlichkeit, die die Lebenszeit der Individuen ausmacht, dann – verstärkt biologisch gesprochen – die Zeitlichkeit des sie hervorbringenden Stammes und zuletzt auch noch diejenige der beide generierenden (materiellen) Evolution (siehe hierzu Riedl, z.B. 1976, S. 301). Welches Transzendieren so eine Doppelseitigkeit besagt, die in Entsprechung

zum Grundanliegen von Platons Anamnesis-Mythos (meines Wissens mit einer Wendung Erich Heintels) als „innerzeitliche Überzeitlichkeit" oder auch (meines Wissens mit Kurt Flasch gesprochen) als „innerweltliche Überweltlichkeit" zu konkretisieren ist, also – was die Entsprechung auf dem Feld der Mathematik anlangt – z.b. als das (in euklidischem Rahmen überzeitliche) Gelten des pythagoreischen Lehrsatzes über dessen allmähliche Herausarbeitung im Prozess individuellen bzw. geschichtlichen Erfassens hinaus.

2. Was bisher entwickelt ist, basiert (fürs Erste) nicht auf Notwendigkeit, welche zunächst den Schluss und vor allem den Beweis auszeichnet, es stellt aber auch keine bloße Zufälligkeit oder Beliebigkeit dar; es ist auch nicht eine „leichtsinnige und voreilige Annahme" in Sinne Poppers (1976, S. 223 samt Anm.) und auch nicht das, was man gewöhnlich Hypothese nennt. Am besten ist es wohl mit Aristoteles als in den Bereich des Epagogischen gehörige zunächst erfahrungsnahe Hypolepsis (Aristoteles, Metaphysik 1, 1, 981 a 7. Siehe auch ebd. 981 a 3–5, wonach Polos mit Recht gesagt habe, dass „Erfahrung Kunst hervorbrachte, Unerfahrenheit dagegen Zufall") anzusehen: also als (der korrigierenden Revision keineswegs verschlossenes) Aufnehmen eines diverse ähnliche Erscheinungen übergreifenden und daher allgemeinen Moments.

Was bisher entwickelt ist, legitimiert sich somit im engeren und wohl auch in einem weiteren Sinn hypoleptisch: man kann es sich, wie es schon eingangs hieß, auf allen Gebieten der Wissenschaften und Künste klarmachen. Soll dabei jedoch Beweisdignität erreicht sein, so ist etwas verlangt, worum auch Logik und Erkenntnistheorie zu guter Letzt nicht herumkommen: Stringenz, oder Schlüssigkeit, die zwingend oder wissenschaftlich ist – was aber nur dann zutrifft, wenn „wir durch sie, indem wir sie haben, wissenschaftlich wissen" (Anal. post. 12, 71 b 18–23. Übersetzung z.T. von H. Seidl übernommen).

Hiermit ist (Aristoteles zufolge) grundsätzlich zugleich auch schon gesagt, dass wissenschaftliche Schlüssigkeit auf Wahrem, Erstem und Unmittelbarem bzw., sofern dies noch nicht erreicht ist, auf in Relation zum Gefolgerten Bekannterem, Früherem und Ursächlichem beruht. Nur so werden „die Prinzipien dem Erwiesenen eigentümlich sein".

Doch, wie gesagt: Schon die hier erneut vorkommenden Begriffe bekannter und früher sind doppeldeutig; Analoges mag für das Erste/Unmittelbare oder die Prinzipien gelten: Es gibt Prinzipien, die ursprünglicher Weise im Bereich der Wahrnehmung (und damit des Aposteriorischen) liegen (vgl. E. Oeser 1969, S. 138 ff.), und solche, die ursprünglicher Weise dem Denken (und somit dem Apriorischen) zugehören. Diese bzw. jene (mit dem Wissensbegriff notwendig verbunden) Prinzipien zu ermitteln heißt – auf sie hin – analysieren, wie, umgekehrt sie vorausgesetzt zu wissen, von Synthesis zu reden verpflichtet – welch Letzteres in eigentlicher Weise dort gilt wo die Fundierung im Bereich des (apriorischen) Denkens liegt. Vor allem diese ursprünglicher oder apriorischer Weise bestehende Fundierung kann – mit einem berühmten, für die Charakterisierung der Grundlagen der Logik bevorzugt geeigneten Ausdruck – als prästabiliert bezeichnet werden, wie sie umgekehrt in Ansehung des Umstandes, dass sie – vorzüglich in dem aus der Antike bekannten, das Lebendige nicht ausnehmenden Sinn – „für uns" zu entwickeln bleibt oder sogar entsteht, als poststabiliert oder poststabilisiert (Riedl 1976, insbes. S. 40) aufzufassen ist: in dieser Doppelseitigkeit des Prä und Post samt allen weiteren aus der Geschichte bekannten Differenzierungen übrigens vor allem dann, wenn diese Ambiguität in den Rahmen der hier bloß zu streifenden korrespondenztheoretischen Wahrheitstheorie eingefügt ist.

3. Nach Obigem kommt man also nicht umhin, bei seinen Erörterungen von einem angemessenen Vorverständnis auszugehen. Dieses ist, gerade was Logik und Erkenntnistheorie angeht, gewiss nicht leicht allgemein zu umreißen. Am besten würde man sich der damit gestellten Aufgabe wohl entledigen, wenn man dies Vorverständnis (so, wie es übrigens von Aristoteles erstmals praktiziert wird) einerseits sich historisch entwickeln und andererseits systematisch resultieren ließe. Doch dies kann hier bestenfalls in Bruchstücken gelingen.

4. Das um die Unterscheidung von Logik und Erkenntnistheorie bemühte Vorverständnis kann sich mit gutem Grund fürs Erste darauf berufen, dass sich Logik – denn um sie soll es uns zunächst vorrangig zu tun sein – dadurch auszeichnet, dass sie (bestimmten) Regeln gehorcht bzw. zu gehorchen hat. Dieser Auffassung ist jedoch schon aus einer Einstellung heraus, die Ansprüche ontologischer Art nicht von vornherein ausschließen zu dürfen glaubt, hier sogleich einschränkend entgegenzuhalten, dass Regelhaftigkeit auch außerhalb des Logischen – Regelhaftigkeit also auch aufseiten der Materie – nicht notwendigerweise zu fehlen braucht. So heißt es sogar in Kants von Jäsche (1981, S. 432) herausgegebener Logik: „Die ganze Natur überhaupt ist eigentlich nichts anderes als ein Zusammenhang von Erscheinungen nach Regeln; und es gibt überall keine Regellosigkeit." Bei solcher Sachlage ist es nötig, den Bereich des Logisch-Regelhaften zusätzlich zu kennzeichnen. Seit Kant und seiner Begriffsprägung „formale Logik" (vgl. das Hist. Wörterbuch, Sp. 375 und 377) löst man diese Frage so, dass man es las mit der Form – der bloßen Form des Denkens – kongruent

seiend und damit als „Wissenschaft a priori von den notwendigen Gesetzen des Denkens, [eben dies] aber nicht in Ansehung besonderer Gegenstände, sondern aller Gegenstände überhaupt", versteht. (Jäsche 1981, S. 437).

Mit dieser allgemeinen, als schon durch Aristoteles prinzipiell vollendet anzusehenden Gestalt der Logik – sie in ihrem rein formalen, nicht in ihrem angewandten Teil genommen (Kant 1981, S. 97 ff.) – ist bereits bei Kant eine zweite, gleichfalls rein formal und damit apriorisch seiende transzendentale verbunden, die er als „Wissenschaft des reinen Verstandes und Vernunfterkenntnis, dadurch wir Gegenstände völlig a priori denken" (1981, S. 102), versteht oder, mit anderen Worten: als Wissenschaft von den Bedingungen a priori der Möglichkeit der Erfahrung bzw. der Erfahrungserkenntnis (Prolegomena, § 17).

Diese transzendentale, zur Erkenntnistheorie gewordene Gestalt der Logik spitzt sich in Hegels spekulativ-dialektischer „Wissenschaft der Logik" so sehr zu, dass diese sich gar als „Darstellung Gottes ... wie er in seinem ewigen Wesen vor der Erschaffung der Natur und eines endlichen Geistes ist" (Einleitung, S. 46 und 54), begreift. In sie sind traditionelle Ontologie und Metaphysik (und damit auch die traditionelle Erkenntnislehre) dem Anspruch nach aufgehoben. Sie erneuert bzw. forciert die „Einführung des Inhalts in die logische Betrachtung" (Vorrede zur zweiten Ausgabe, S. 30), „denn da das Denken und die Regeln des Denkens ihr Gegenstand sein sollen, so hat sie ja unmittelbar daran ihren eigentümlichen Inhalt; sie hat daran auch jenes zweite Bestandstück der Erkenntnis, eine Materie, um deren Beschaffenheit sie sich bekümmert" (Einleitung, S. 37). Solcher mit dem Absoluten oder dem Logos selbst im Kern zur Deckung gebracht sein sollenden Dimensionierung von Wahrheit gegenüber sinken etwa die „Formeln ... des Schließens" als „gleichgültige Mittel wenigstens ebenso sehr des Irrtums und der Sophisterei", sinkt das Denken als Rechnen unweigerlich auf die subsidiäre Ebene von „begriffslosem Kalkulieren", von bloßer „Richtigkeit der Erkenntnisse" herab. (Vorrede zur zweiten Ausgabe, S. 30 f. und Einleitung, S. 49).

Diese Doppeldeutigkeit einerseits rein zu sein und von andererseits den Inhalt (bzw. sogar die Materie) miteinbeziehender Formalität ist auch bei Frege erhalten; dies gilt – wenngleich nicht im selben Sinn – sowohl für die (von Friedrich Kaulbauch in Frege 1969, S. XXVII sogenannte) „klassische Periode" wie auch für die dann folgende Zeit der „nachgelassenen Schriften" (1969). Zwar sind sowohl hier, wie auch dort die Struktur von Mathematik und Logik bzw. deren enges (systematisches) Verknüpftsein als „Logico-Mathematik" (Kaulbach, S. XXVI, Anm.) in Freges Visier: dort in der „klassischen Periode", teils vor dem Hintergrund, teils auf der Basis schon „einer speziellen Ontologie" (Hans Hermes, ebd.

S. X), der auch die an Platon erinnernde Konzeption des Wiedererkennens (Kaulbach, ebd. S. XXVII) zuzuzählen ist, so, dass die freilich zugleich selbst allererst zu begründende Arithmetik im von Leibnizens *characteristica universalis* stark mitgeprägten Vordergrund steht; nach Russels Einwänden und damit nach dem Scheitern des klassischen Programms dagegen in einer Art erkenntnistheoretischen Wende (ebd., S. XM) dann hier, in den „nachgelassenen Schriften", derart, dass – weiterhin bei entsprechender Mitbeteiligung der sogenannten „logischen Erkenntnisquelle" – „Arithmetik und Geometrie, also die gesamte Mathematik … der geometrischen Erkenntnisquelle entfließt" (Frege 1969, S. 299), welch Letztere, so Kaulbach S. XXXI ff. mit gutem Grund, „aufs engste mit der sinnlichen Anschauung a priori" Kants zusammengehört, die schon diesem zufolge eine der „Quellen" ist, „aus denen die Erkenntnisse nicht nur der Geometrie, sondern auch der Arithmetik fließen" (Kaulbach ebd.) und die, konsequent durchdacht, zu den übrigen Momenten der „Kritik der reinen Vernunft" weiterführe. Soviel also zur besagten Doppeldeutigkeit bei Frege, die von seiner mit den Aristotelischen Ersten Analytiken auf gleiche Stufe gestellten Grundlegung „der modernen exakten Logik bzw. Logistik" (Heinrich Scholz) auf der einen bis zur erwähnten erkenntnistheoretischen Wende auf der anderen Seite reicht.

Spitze und Peripetie der exakten, logico-mathematischen, das Widerspruchsprinzip im Zentrum führenden Logik – nach Viktor Kraft (1950, S. 28): der Logistik – ist mit Kurt Gödel erreicht. Sein berühmtes Theorem, demonstriert (vgl. Franz 1977, S. 11), dass es nicht möglich ist, „eine zugleich vollständige und konsistente formale Axiomatisierung der Mathematik und der Logik zu konstruieren"; wobei vollständig, heißt, dass für jede Formel A einer hinsichtlich ihrer Axiome und Schlussregeln genau überschaubaren mathematisch-logischen Sprache gilt: entweder A oder nicht-A ist beweisbar; und wobei konsistent oder widerspruchsfrei besagt, dass keine Formel A dieser Sprache zugleich mit ihrer Negation nicht-A beweisbar ist.

Insbesondere dank Frege und später Gödel bzw. trotz des Letzteren wurden und werden, wie bekannt, gewaltige Anstrengungen auf dem Feld der mathematischen Grundlagenforschung und der exakten Logik unternommen. Aus solchem Ringen hebt sich vor allem auch der in seiner Relation zu Kant und vielleicht sogar zu Hegels Logik weh nicht ausreichend geprüfte, gleichfalls selbstgewisse und eine breite Faszination ausübende erneut explizit logisch-philosophische Wittgensteinsche Tractatus heraus. Dieser ist jedenfalls nicht wie die Hegelsche Logik als „Darstellung Gottes … in seinem ewigen Wesen" verstanden; er ist aber immerhin so etwas wie die Darstellung der (zugleich erkenntnistheoretisch, gelegentlich wohl auch ontologisch gefassten) Logik schlechthin: also des als „das logische Bild der Tatsachen" verstandenen Gedankens (3), oder, mit anderen Worten, „des sinnvollen Satzes" (4), welcher zwar nur „ein Bild", – ein Modell der Wirklichkeit ist „so wie wir sie uns denken" (4.01), aber doch ein solches, das mit der Wirklichkeit übereinstimmen kann oder auch nicht (2,21) – und zwar mit einer Wirklichkeit, die in ihrer Gesamtheit die Welt (2.063) und damit „alles" (1.11) ist: diejenige Welt, deren „Gerüst" eben „die logischen Sätze" darstellen (6.124), welche freilich insgesamt „dasselbe" sagen, „nämlich Nichts". (5.43). Um also diese Welt, deren Rahmen übrigens der Mathematik ein bloß instrumenteller Charakter zufällt. (6.211) – um diese Welt in ihrer „Substanz", die „Form und Inhalt" ist (2.024 f.), richtig zu sehen, muss man sie als dies Logische = dies Alles = dies Nichts übersteigen, „überwinden", als „unsinnig erkennen" (4.12, 6.54). Befähigt hierzu erscheint mir Wittgenstein zufolge jeder von uns nicht zuletzt deshalb, weil „wir … a priori die Möglichkeit einer [?] logischen Form wissen" (6.33).

5. Was ergibt sich aus den bisherigen als Grundlage der Logik die reine Form des Denkens ansetzenden Erörterungen (– eines Denkens, das das Widerspruchsprinzip mehr, als es zunächst den Anschein hat einschließt)? Die wohl ausreichend deutlich gewordenen weit auseinanderklaffenden diversen Unterschiede dieser Erörterungen lassen sich, abgesehen von aller sonstigen Untersuchungsbedürftigkeit jedenfalls in derjenigen Hinsicht in eins zusammenfassen, dass sie zeigen, dass eine kohärenztheoretisch restringierte, auf Sätzen oder Sprache im weitesten Sinn basierende Konzeption von Logik, wenn sie sich nicht auf so etwas ohnehin nur unzureichend Abgegrenztes bzw. Abgrenzbares wie bloße Richtigkeit einschränken will (oder, positiv gesagt, wenn sie an Erkenntnis oder Wahrheit zumindest in der weitesten Bedeutung dieser Begriffe einer irgendwie systematischen Anteil haben soll), defizient ist: defizient in dem Sinne, dass – und dafür sorgt schon das Widerspruchsprinzip selbst – eine solche Konzeption, abgesehen davon, dass sie als Form zugleich auch eine bestimmte Weise von Inhaltlichkeit an ihr selbst ist, über sich hinaus und auf etwas hin verweist, was Inhalt zuletzt in der handfesten Bedeutung von Materie ist: dies aber so, dass dabei nicht das Helgelsche Absolutum permanenter Selbstbewegung das Resultat sein muss.
     Stehen einander Form und Inhalt (bzw. Materie) somit nicht eigentlich in jener Schärfe und Abgesetztheit gegenüber, wie zunächst vorausgesetzt?

6. In der Tat stand mit im Zentrum dessen, was seit Thales mit Recht als Erkenntnistheorie gilt (die uns nun näher beschäftigen soll), die grundlegende Frage, ob das Zustandekommen von Erkenntnis auf der Basis von Gleichheit

oder von Ungleichheit der daran beteiligten Instanzen erfolgt. Dass es nicht auf der Basis völliger Gleichheit (sagen wir: von Denken oder Form dort und von Gegenstand oder Materialität hier) erfolgen kann, erklärt sich daraus, dass bloße Gleichheit, verstanden als reine Identität keinen Prozess zulässt. Es kann aber ebenso wenig auf der Basis völliger Verschiedenheit vor sich gehen, weil zwei in jeder Hinsicht voneinander verschiedene (und nicht über den Umweg über eine dritte wenigstens der Möglichkeit nach verbundene) Instanzen eo ipso keine Erfahrung voneinander zu haben und keine Erkenntnis voneinander zu erarbeiten vermögen. Es muss daher, wo Erfahrung und Erkenntnis wirklich ist, oder möglich sein soll, wo, mit anderen Worten, Übereinstimmung im Sinne der korrespondenztheoretischen Wahrheitstheorie infrage kommen kann, eine Vergleichbarkeit, „Affinität", vielleicht sogar eine Art Verwandtschaft jener Instanzen geben – eine Gemeinsamkeit jedenfalls, die im Übrigen die Grundlage dafür bildet, dass ihr Vorliegen ontologische Geltung einschließt.

Wie bekannt, stehen wir, vor allem schon was die Antike betrifft, mit solcher Gemeinsamkeit auf Platons Boden. Nach ihm ist es die Form = die Idee, die (zeitlich und ursächlich gesehen) Prinzip für Sein ist und Erkennen: alle Gegenständlichkeit ist nur ein Schatten oder Abbild von ihr; und selbst das, was seit Aristoteles Materie heißt, ist nicht etwa so etwas wie ihr Gegenteil, sondern ist ihr Gegenüber – dies als die mit dem Eintritt in den Raum einfachst mögliche Fläche, als zweidimensionales Dreieck, realisiert (Gigon 1987, S. 194 f.).

Die Form = Idee ist jenes Prinzip einerseits als individuelle Erscheinung, d.i. – wo es um Materielles geht – als bestimmte Idee in bestimmter Materie, z.B.: als dieser Mensch; sie ist das Prinzip so andererseits eben als Idee und damit als (ontologisches, nämlich über den Augenblick hinaus seinsrelevantes) Allgemeines, das „seine" Materie erst zu dem macht, als was sie wesentlicherweise erscheint, das in dieser Materie aber nicht aufgeht, sondern das ein sogenanntes Jenseits ihrer ist: und zwar über den soeben genannten den Augenblick (apriorisch) transzendierenden zugleich zeitlichen Aspekt hinaus ein Jenseits wohl auch in dem Sinne, dass es auf mehr oder weniger verwandte Prinzipien und auf Prinzipienhaftigkeit überhaupt verweist. So ist, was z.B. Gleichheit anlangt zwar vieles, wie die Erfahrung zeigt mit sich und anderem (annähernd) gleich, doch all dies erstrebt, wie Platon sagt (Phaidon 74 a ff.), die Gleichheit nur, die ihm ihrerseits als solche ständig bzw. apriorisch vorausgesetzt bleibt. (In Klammern sei hier hinzugesetzt: Die einschlägigen Aristotelischen, nicht zuletzt den Begriff der Materie uminterpretierenden Betrachtungen müssen hier aus Zeitmangel übergangen werden, unter ihnen vor allem die beiden Wendungen: der Geist ist die Form der Formen, De an. 111. 8, 432 a 2, und: der Geist kommt von außen hinzu, De gen. anim. 11, 3,736 b 28 und 6,744 b 21.)

Mit diesen Überlegungen sind wir wie schon weiter oben hinsichtlich der Logik so auch im Falle der Erkenntnistheorie also wieder beim a priori gelandet: der Erkenntnistheorie sowohl in ihrer von Platon vorgelegten primär ontologischen Ausprägung (aus deren spezifischer Struktur das zu einem guten Teil der Mathematik angehörige Gleichheits-Beispiel teilweise ausschert) als auch in ihrer von Kant vertretenen oben angeführten transzendentalen Version. Doch auch die Kantische Version der Erkenntnisbegründung geht zuletzt auf den Grundgedanken von Platons Anamnesis zurück. Diese lehrt Leibniz (1985, Abschn. 26 f.) zufolge – „vorausgesetzt, dass man sie richtig auffasst und sie vom Irrtum der Präexistenz reinigt und sich nicht einbildet, dass die Seele einst [in ihrem Ursprung] schon distinkt [d.i. letztlich bis in alle Vereinzelung hinein] gewusst und gedacht hat, was sie jetzt lernt und denkt" – vor allem eben dies: es ist zwischen zweierlei Ausdrucksformen (expressions) unserer (nach Leibniz monadischen) Seele zu unterscheiden: zwischen solchen, die von festem Bestand sind, und denjenigen, die veränderlich und dabei den Ersteren mehr oder weniger ähnlich sind. Es könnten also, so Leibnizens Vorschlag, diejenigen Ausdrucksformen, „die in unserer Seele sind, sei es, dass man sie erfasst oder nicht", Ideen genannt werden, diejenigen aber, die man [auf die Ideen hin] erfasst oder bildet, können Begriffe, conceptus, heißen. Es ist eben nicht zu übersehen: „… die Begriffe, die ich von mir und meinen Gedanken und folglich vom Sein, von der Substanz, von der Handlung, von der Identität und vielem anderem habe, stammen jedenfalls aus einer inneren [auf Ideen basierenden] Erfahrung". (Übersetzung z.T. geändert). Beachte auch die im Leibnizschen Kontext vorkommende Bezugnahme auf die im „Menon" vorgeführte Demonstration der Verdoppelung eines gegebenen quadratischen Flächeninhaltes (Siehe zu diesem Absatz und zum folgenden Punkt auch Heintel 1990, S. 135 ff., sowie 101 ff.)

7. In dieser älteren, sich explizit als ontologisch fundiert und damit auch als unmittelbar korrespondenztheoretisch strukturiert verstehende Erkenntnistheorie ist im Übrigen dasjenige Verständnis von Theorie Grundlage, das vor allem auf Aristoteles zurückgibt: Theorie ist ihm zufolge im Unterschied von (z.T. im Verein mit ihr unsere Wirklichkeit aufbauender) Poiesis und Praxis, die an der Erfassung der Wahrheit orientierte und darin ihre Erfüllung findende betrachtende Ausschau bzw. Schau überhaupt. Wissenschaftliches Wissen bzw. „wissenschaftliches Schließen ist, wenn wir durch es, indem wir es haben, wissen" (Anal. post. 1 2,71 b 18 f.) so heißt es in diesem Belang bei Aristoteles dezidiert.

Auch Kant ist diesem Verständnis von Theorie verpflichtet. Dennoch hat er andererseits etwa dadurch, „er das „Ding an sich" für schlechthin unerkennbar ansah, wohl doch auch selbst der neueren, ab ungefähr der Mitte des vorigen Jahrhunderts zum Tragen gekommenen Ausprägung von Erkenntnistheorie bzw. Theorie Vorschub geleistet, die sich (im Unterschied übrigens z.T. zu Popper) als etwas der Gegenständlichkeit Äußerliches, ihr Fremdes, von ihr Getrenntes begreift – als etwas, das einen bzw. den Kontakt zur Gegenständlichkeit überhaupt erst zu finden und damit eine Aufgabe hätte, die in solcher Ansatzweise wohl gar nicht zu lösen ist.

8. Somit – Logik und Erkenntnistheorie – worin besteht ihr hauptsächlicher Unterschied? Dieser liegt trotz aller vorgeführten Grenzüberschreitungen gewiss in dem, was die beiden sozusagen klassischen Formen von Wahrheitstheorie, die Korrespondenz- und die Kohärenztheorie, voneinander unterscheidet. Letztere begreift, wie wir wissen, Erkenntnisgewinnung als Erstellung eines in sich widerspruchsfreien Sätze- bzw. Gedankenzusammenhangs, Erstere außerdem als Übereinstimmung dieses Zusammenhangs auch noch mit der Gegenständlichkeit.

Und was ist es, dessen Gegebensein schließlich vom Zusammenhang von Logik und Erkenntnistheorie zu sprechen sowohl erlaubt wie auch verpflichtet? Es ist die soeben genannte korrespondenztheoretische Übereinstimmung selbst, diese, als uns einerseits in unserer Erfahrungsstruktur (implizit) schon mitgegeben, ist uns andererseits als Telos erst aufgegeben: als ein Telos nämlich, das nach einem jedenfalls überaus irrtumsanfälligen (übrigens epagogischen oder „induktiven") Gang jenes Ergebnis konkret erst wird, dessen wesentliche Momente es ursprünglich ihrerseits initiiert haben.

2. Das Aristotelische schlechthin und für uns frühere im Hinblick auf die Strukturierung des Organon (1991)

1. Einleitung. Wenn, wie im Vorliegenden, derjenige erkenntnisrelevante Gesamtraum Thema ist, der den Bereich alles Komparativischen auf der einen und den des schlechthin Geltenden auf der anderen Seite zusammenschließt, so sind in solch indirekter Form auch das Differentielle und das Identische selbst mit, thematisch, jenes in Gestalt eben vor allem des komparativischen Früher, dies in Ansehung insbesondere der Endgültigkeit des Schlechthin – in zwei Seiten also, deren unterschiedlicher Charakter, prozessual begriffen sich (in der deutschen Sprache) in die grammatische Form des Verbalsubstantivs mit dem Suffix glücklich einheitlich zusammenfassen lässt. Sodass also, wie in unserem Fall, die Wendung „Strukturierung des Organons" einerseits den Gang der logisch-erkenntnistheoretisch-formalinhaltlichen dianoetischen Argumentation und andererseits deren jeweiliges Ergebnis, wenngleich Schritt für Schritt nur in (perspektivischen) Ausschnitten, philosophisch explizit zu machen sucht.

2. Zum Begriff des Wissens (im Anschluss an Anal. post. I 1 und 2) „So will ich denn gleich die gewaltigste Frage vorbringen", sagt Sokrates im Platonischen Dialog „Theaitetos" (in Erörterung des Problems, was Erkenntnis sei) an der Stelle, wo die Protagorische Problemlösung, wonach Erkenntnis Wahrnehmung ist, der zentralen Kritik zugeführt wird. (Theaitetos 165 b 2–4, Übersetzung Friedrich Schleiermacher). Diese gewaltigste Frage lautet: „Ist es wohl möglich, dass derselbe Mensch, der etwas weiß, das, was er weiß, zugleich auch nicht wisse?" (Oder ist dies vielleicht gar keine Frage, sondern verhält es sich mit dem Erkennen in Übernahme des Protagoreischen Standpunkts, der sowohl die Subjekt-Objekt-Differenz als auch das Moment der Identität zugunsten einer von, Augenblick zu Augenblick radikal verschiedenen Differenz auflöst, nicht vielmehr so, dass man, ob man sich für erkennend hält oder nicht, fortwährend nicht ‚Der' ist, sondern ‚Die' und zwar unzählig viele Werdende?" Und als diese fortwährend ebenso wenig wie wirklich Erkennende ebenso sehr auch keine tatsächlich Irrenden? (vgl. 166 b 7 – c 1, siehe auch 187 e 5 ff.) Beziehungsweise – im Anschluss vor allem an Karl R. Popper – als solche „bestenfalls" wissenschaftliche Instanzen, deren Vermutungen nicht mehr sind als fortwährendes niveaugleiches Raten?)

Dass Wissen (soweit es nicht als, Wissen schlechthin zu gelten hat) „zugleich" und das heißt: in derselben Beziehung – als Nichtwissen aufzufassen ist, diesen Schluss also lässt jene gewaltigste Frage naheliegend erscheinen. Indirekt ist dieser Schluss auch – nun in Hinsicht auf die zentralen menschlichen Aktivitätsformen Lehren, Lernen, Suchen oder Forschen – in jenem im „Menon" thematischen „streitsüchtigen Satz" ausgesprochen, demzufolge „ein Mensch unmöglich suchen kann, weder was er weiß, noch was er nicht weiß. Nämlich weder was er weiß, kann er suchen, denn er weiß es ja, und es bedarf dafür keines Suchens weiter; noch was er nicht weiß, denn er weiß ja dann auch nicht, was er suchen soll" (80 e 1–5, Übersetzung F. Schleiermacher).

Platons Lösung für diese disjunkte Entgegenstellung von Wissen und Nichtwissen gemäß „streitsüchtigem Satz" ist, wie bekannt, die hier nicht zu diskutierende Anamnesis. Aristoteles formuliert seine generelle Lösung gleich im 1. Kapitel der Zweiten Analytik – so zentral ist sie auch für ihn. Sie besteht darin, dass man – siehe dazu das arithmetische Beispiel der Zweiheit – einen Sachverhalt als einen als „von jedem einschlägigen Einzelphänomen" – z.B. als von jeder entsprechenden Zahl – geltenden wissen könne, ohne ihn aber an jedem einzelnen Phänomen selbst überprüft zu haben. (Zu „von jedem" siehe auch I 4.) Und überhaupt kann nach Aristoteles Ansicht „jemand sehr wohl das, was er lernt, in einem Sinne schon wissen, in einem andern dagegen noch nicht. Schwierigkeit macht nicht der Umstand, dass man in irgendeinem Sinne schon weiß, was man lernt, sondern schwierig wäre es, nur dann, wenn man es auf dieselbe Art und Weise schon wüsste, auf die man es lernt" (I 1, 71 b 5–8, Übersetzung Paul Gohlke). Die damit deutlich gewordene Überwindung besagter schroffer Entgegenstellung macht einer Wissensdynamik Platz, die in ihrer Verflechtung mehr als nach der, Seite ihrer Unterschiede nach derjenigen ihrer Identität und, was beider Zusammenfassung in gesamtidentischer Vollendung anlangt, in Gestalt ihres Schlechthin Maßstab für Wissen ist. Daher lautet gleich der erste Satz des zweiten Kapitels – gültig von den Wissenden bis hin zu den Nichtwissenden: „Zu wissen also glauben wir etwas schlechthin und nicht nach der sophistisch-akzidentellen Weise, wenn wir den Grund, wodurch der [fragliche] Sachverhalt ist, eben als seinen Grund zu erkennen glauben und [wenn wir zugleich glauben], dass es sich [hinsichtlich der Verbindung beider] unmöglich anders verhalten kann".

Jedenfalls eine der Weisen solchen Wissens, ist der Beweis. „Unter Beweis verstehe ich einen wissenschaftlichen Schluss. Unter wissenschaftlichem [Schluss] verstehe ich den, demgemäß man dadurch weiß, dass man ihn innehat", heißt es kurz darauf. Oder: (Streng) wissenschaftlich wissen bedeutet nichts, anderes als schlechthin wissen.

3. Vitiöse Zirkularität ist ausgeschlossen (Anal. post. I 3), wenn der sich schon im Bisherigen abzeichnenden Wissenszusammenhalt gilt. Denn sie beruht auf einem (als in seinen Verbindungen allenfalls sogar als notwendig anzusehenden) Konnex von solchem Unterschiedenen, das sich legitimerweise wechselseitig voneinander aussagen lässt, das also letztlich niveaugleich zueinander gelegen ist und jedenfalls nicht – wie es für eine echte Ursache einen echten Grund in oben dargelegter Weise aber zutreffen muss – eine Relation im Sinne auch logisch-erkenntnistheoretischen Früher bzw. Bekannter inkludiert (deren Sich-Verlaufen im Unendlichen das schon mehrfach genannte Schlechthin, als Prinzip legitimiert, verhindert).

4. Ein Mehr oder Minder (Mehr, Ebenso oder Minder) ist als generellere Form des genannten Früher bzw. Bekannter in unserer Erfahrungswirklichkeit allenthalben leicht aufzeigbar. Dieser Tatsache wird bei Aristoteles dadurch Rechnung getragen, dass das Mehr oder Minder in (den) zentralen Bereichen der Rhetorik, der Kategorienschrift und der Topik in jeweils spezifischer Weise präsent ist: in der Rhetorik als alle drei Redegattungen durchziehende, zwischen Amplifikation und Depretiation verspanntes Wendemoment, in der Kategorienschrift als (jedenfalls in den Kapiteln 5–9) immer wieder präsente, aber nicht jeder Kategorie (gleichmäßig) zugehörige Mehrungs- oder Minderungsvariabilität, in der schließlich jedenfalls von Buch I bis VII als Durchgangstopos für die dialektischen Ermittlungen.

Trotz seiner hohen Generalität ist selbst das Mehr oder Minder nicht so abstrakt, dass es nicht doch zum Schlechthin in Beziehung stünde. (Umgekehrt gilt dies vom Schlechthin nicht). „Von Mensch [z.B.] spricht man nicht [in der Weise eines] Mehr oder Minder, aber dennoch gibt es den Menschen" (Top. II 11, 115 b 8–10. Vgl. auch die Übersetzung von Rolfes). Oder in den Worten des 5. Kapitels der Kategorienschrift gesagt: „Die Usia lässt offenbar kein Mehr oder Minder zu … Wenn z.B. die fragliche Usia ein Mensch ist, so wird weder er im Vergleich mit sich selbst noch der eine mit einem anderen mehr und weniger Mensch sein. Der eine ist eben (gar) nicht mehr Mensch als der andere …." Wohl dagegen ist es – und zwar „am meisten" – „der Usia eigentümlich, … für Konträres empfänglich zu sein" (Kat. 5, 3 b 33–4 a 11. Übers. z.T. in Anlehnung an Rolfes.)

Soviel also zur generelleren Dynamik logisch-erkenntnistheoretischer Unterschiede und Identität.

5. Zieht man nun das 1. Kapitel der Aristotelischen Physik zunächst in Betreff insbesondere seines leitmotivischen Bekannter und Klarer zurate, so klärt sich diese Dynamik des weiteren. In diesem Kapitel wird nämlich einleitend gesagt, dass man auch hinsichtlich der Wissenschaft von der Natur, wenn man sie erlangen will, vor allem das Prinzipielle zu bestimmten versuchen müsse. Dabei führe „der [menschliche Erkenntnis-] Weg von Natur aus vom für uns Bekannteren und Klareren zum von Natur Klareren und Bekannteren; denn das für uns und das schlechthin Bekannte sind nicht dasselbe. Dementsprechend muss man also vom von Natur aus zwar Unklaren, für uns aber Klaren zum von Natur aus Klareren und Bekannteren voranschreiten. Für uns nun ist zunächst stärker deutlich und klar das Zusammengesetzte in der Folge erst werden uns aufgrund seiner die Elemente und die Prinzipien durch dessen Diairesis bekannt. Daher muss man von der Gesamtauffassung her zum das Einzelne Betreffenden hin voranschreiten. Das Ganze ist nämlich für die Wahrnehmung bekannter, und die Gesamtauffassung ist in gewisser Hinsicht ein Ganzes; […] Dasselbe gilt in gewisser Weise auch für die Worte in Relation zu ihrer Bedeutung; denn auch sie bezeichnen verschwommen irgendwie ein Ganzes, z.B. Kreis; dessen Begriffsbestimmung jedoch untergliedert in das [am] Einzelnen Zutreffende hinein. Auch die kleinen Kinder nennen zunächst alle Männer Vater und Mutter alle Frauen, später erst unterscheiden sie jedes dieser beiden." Das Mehr bzw. Minder ist hier also zu einer in beide Richtungen verfolgbaren zusammenhängigen Erkenntnislinie des durchgängig komparativischen Bekannter und Klarer umgeformt, die an ihren Enden einerseits vom Bereich desjenigen Für uns, das als Zusammengesetztes oder Gesamtauffassung oder Allgemeines eng mit der Wahrnehmung korreliert ist, und andererseits vom Bereich des Von-Natur-Aus oder Schlechthin, dem die Elemente und Prinzipien als das [am] Einzelnen angehören eingegrenzt wird.

6. Zu früher und bekannter und in diesem strikter sowohl als im Mehr und Minder wie auch als im Bekannter und Klarer Letzteres anlangt, in Umkehrung der Zuordnung von Allgemeinen und Prinzipien ist diejenige Erkenntnislinie (Erkenntnisbewegung) verdichtet, die Anal. post. 12, 71 b 33–72 a 5 so charakterisiert ist: „Früher und bekannter hat einen doppelten Sinn; denn früher für und bedeutet nicht dasselbe, ebenso wenig wie bekannter [von Natur aus] und bekannter für uns. Für uns früher und bekannter nenne ich das der Wahrnehmung Näherliegende, Schlechthin früher und bekannter das [ihr] Fernerliegende. Am fernsten liegt das Allgemeinste, am nächsten das Einzelne [genauer: das am Einzelnen]; und dieses [= beide sind] sich entgegengesetzt."

Dass diese Charakterisierung sich auf das Erkennen beschränkt, macht die für den vorliegenden Zusammenhang auch sonst noch interessante folgende Stelle aus der „Metaphysik" deutlich: „… in anderer Bedeutung [heißt früher] das der Erkenntnis, nach Frühere [– dies ganz so] als wäre es auch schon früher schlechthin". Hierbei ist zwischen dem Begriff nach und der Wahrnehmung nach Früherem zu unterscheiden. Dem Begriff nach ist das Allgemeine früher, der Wahrnehmung nach dagegen das [am] Einzelne[n]; so ist dem Begriffe nach das Akzidens früher als das [dieses in sich enthaltende] Ganze, wie z.B. gebildet früher ist als gebildeter Mensch; denn der Begriff wird nicht ganz sein ohne den Teil; gleichwohl kann es gebildet [der Existenz nach] nicht geben, ohne dass jemand [existiert, der] gebildet ist. (Met. V 11, 1018 b 30–37; Übersetzung in Anlehnung an Hermann Bonitz. Siehe zu „früher" dieses ganze Kapitel und außerdem Kat. 12).

Es braucht gewiss nicht angemerkt zu werden, dass mit dem Ausdruck Erkenntnislinie hier nicht verengt Lineares gemeint ist: Was er bedeuten will, geht auch direkt aus den Zitaten hervor; es ist letztlich die an Bezügen so überaus reiche strukturbestimmte und -bestimmende erkennende Gesamtbewegung des Organons selbst, die sich, gerade was das Früher und Bekannter angeht, beinahe überall – also auch dort, wo so begrifflich nicht explizit; oder nur am Rande aufscheint – leicht nachweisen lässt. Dies gilt z.B. auch für die Vorzugsstellung, die laut Erster Analytik der ersten syllogistischen Figur zukommt, und z.B. für die Systematisierung der Beweisarten insbesondere in den Kapiteln 24–26 des ersten Buchs der Zweiten Analytik sowie für die Systematisierung der Ursachen generell.

7. Die Verbindung der drei zitierten umfangreicheren Stellen aus „Physik", Zweiter Analytik und „Metaphysik", die nun zu leisten ist, wird, wie sich schon aus dem vorhergehenden Absatz ergibt, den wesentlichen Teil der hier gestellten Aufgabe – der Strukturierung des Organons, wie gesagt – erbringen müssen.

Sieht man von einem eventuell anzunehmenden Unterschied zwischen von Natur aus und schlechthin ebenso ab wie von dem Unterschied zwischen einmal bekannter und klarer und dann früher und bekannter, so ergeben sich hinsichtlich der drei zitierten Stellen folgende Entsprechungen, Entgegenstellungen bzw. Weiterführungen:

Alle drei Stellen – die dritte nicht in derselben direkten Weise – kommen darin überein, dass, jedenfalls was den Erkenntnisprozess angeht, für uns die Wahrnehmung näherliegt, d.h., dass für den Menschen die leiblich-seelische Seite der Bereich ist, wo (der) Erkenntniszusammenhang zuerst sich zu legitimieren bzw. zuerst Struktur zu gewinnen hat. Aber es hat dies „Für uns", dieser wahrnehmungsnähere Erkenntnisbereich, eine doppelte Bedeutung: es/er ist einerseits – siehe oben – ein Zusammengesetztes oder auch Ganzes im Sinne einer noch undifferenzierten Gesamtauffassung. Im Falle von Zweiter Analytik und „Metaphysik" das vokabularisch wiederum umgekehrt benannte, inhaltlich aber analog wie im Falle der „Physik" begriffene Allgemeine: somit einmal, d.i. gesehen von der Gesamtauffassung her, etwas ins Genauste gehendes Bestimmtes, (allgemeiner Beschaffenheit), das zweite Mal, d.i. gesehen von den Einzeleindrücken und vom Individuellen her, die allgemeinsten Prinzipien beider Letzterer.

Beziehungsweise: Fasst man die angeführte Doppeldeutigkeit der leitenden Ausdrücke „Allgemeines" und „Einzelnes" in Hinsicht auf die Konzeption von Ganzheit (und Teil) und diese betreffend in Hinsicht auf Präzisierung eines anfangs vorliegenden Begriffsgehalts ins Auge, so setzt für uns das Erkennen einerseits (wohl sogar: zuerst) mit der wahrnehmungsnahen, noch unklaren Gesamtauffassung einer Begriffsvorstellung (siehe das „Physik" – Beispiel Kreis) und andererseits mit dem gleichfalls wahrnehmungsnahen, noch unklaren, die zugrundeliegenden (ins Einzelne gehenden) wesentlichen Bestimmtheiten jener Gesamtauffassung zunächst nur vermissenden Präzisierungsbedarf ein, dessen im Blick auf die Gesamtaufgabe im Zug erfolgendes Weitertreiben und Zu-Ende-Bringen eben denjenigen Erkenntnisstatus zur Konsequenz hat, als Schlechthin der Erkenntnis deren sachgerechte komprehensive Strukturierung im oben dargestellten Sinne ist. Ihr Gang verläuft, wie ausgeführt, vom allgemeinen bzw. einzelnen zum einzelnen bzw. oder, wie man auch sagen könnte, vom Allgemeinen einzelnen in einer zu deren anderen Bedeutung. (Siehe zu all dem auch das Beispiel „gebildeter Mensch" der Metaphysik.)

Siehe hierzu aber insbesondere das Organon, das zugleich Paradigma ist. Worum es in ihm geht, spricht schon der erste Satz der Ersten Analytik deutlich so aus: „Zuerst ist anzugeben, was die Untersuchung erörtert und woraufhin sie es tut: dass sie nämlich den Beweis erörtert und dass sie dies im Hinblick auf die beweisende Wissenschaft tut; sodann ist zu bestimmen, was Vordersatz, was Begriff und was Schluss sowie welcher Schluss vollkommen und welcher unvollkommen ist ..." Da nun (laut I 4) „der Schluss allgemeiner ist, muss man vom Schluss früher handeln als vom Beweis; denn es ist der Beweis zwar ein Schluss, aber nicht jeder Schluss ist ein Beweis." So wird denn gleich in der Ersten Analytik vom Schluss gehandelt (und erst in der Zweiten vom Beweis im engeren Sinn). Allgemeiner als der Beweis sind auch Vordersatz (bzw. Urteil) und Begriff; hinsichtlich ihrer ist auf Hermeneutik bzw. Kategorienschrift zu verweisen. Allgemeiner ist auch das in Vordersatz (bzw. Urteil) und Schluss als Differenzierung mitenthaltene Dialektische (bzw. Sophistische und auch Rhetorische; vgl. hierzu auch Top. I 1 und Rhet. I 1); hinsichtlich des Dialektischen ist, wie wir wissen, vor allem die Topik einschlägig.

All dies besagt in Betreff der bis heute in der Geschichte umstritten gebliebenen Frage nach der adäquaten Reihung der Schriften des Organons bzw. nach dessen Struktur, dass die Zweite Analytik jedenfalls seinen Abschluss darstellt. Ob es mit Dialektik (und Sophistik) und nebenher mit der Rhetorik zu beginnen hat oder ob die Erste Analytik den Anfang bildet (welchem sich an dem ihnen jeweils zustehenden Ort unter Absehung von der finalen Zweiten Analytik die übrigen logisch-erkenntnistheoretischen Schriften samt Rhetorik einzugliedern haben), hängt wohl weniger vom Scharfsinn des die Strukturierung erarbeitenden Forschers ab (vgl. Anal. post. I 34 und Top. VI 4), als von dessen argumentativer Erfahrung (ebd.) und auch von der diskursiven und allenfalls im Grundsätzlichen geübten Reife seiner und generell der Zeit. Doch allgemein gesprochen sind Rhetorik und Dialektik als wahrnehmungsnäher und daher für uns früher anzusehen; sie sind somit dem Abschluss der Zweiten Analytik am meisten entgegengesetzt und aus diesem Grunde als den Anfang des Organons bildend anzusehen.

8. Dass freilich von einem Anfang und Ende der Erkenntnisbewegung mit Recht die Rede sein kann, dafür ist nicht nur die Widerlegung vitiöser Zirkularität Bedingung (vgl. oben Pkt. 3), sondern auch die eines eventuellen Sich-Verlaufens des omnipräsenten doppeldeutigen Früher und Bekannter im Unendlichen. (Würde nämlich jene Zirkularität das letzte Wort sein, so erschöpft sich die in Rede stehende Erkenntnisbewegung in leerer Identität; verliefe sich das Früher und Bekannter im Unendlichen, so wäre die permanente unfundierte Differenz abschließendes Resultat. Im Unterschied zu diesen beiden Alternativen ist nach dem Bisherigen mit Aristoteles jedoch am Zusammenbestehen sowohl von Identität wie auch von Differenz in hier entwickelter Weise festzuhalten). Die Widerlegung eines Sich-Verlaufens im Unendlichen deutet sich schon im Bisherigen an. Sie erfolgt, wie bekannt, in der Zweiten Analytik I 19–23, ist aber zu komplex, als dass wir sie in der restlichen uns zur Verfügung stehenden Zeit hier nachvollziehen könnten; ich habe sie in meiner Habilitation genauer zu erarbeiten versucht. Zu komplex ist sie auch deshalb, weil nach Akos von Pauler (Aristoteles, Paderborn 1933, S. 119 ff.) „die Einsicht der Unmöglichkeit des regressus in infinitum die Wurzel der ganzen aristotelischen Logik und Metaphysik" bzw. „die letzte Grundlage des aristotelischen Philosophierens" bildet.

9. Diese Einsicht ist zuletzt am Aufweis der relevanten Prinzipien bzw. des Prinzips befestigt – was das Organon angeht also auch an hier Genanntem und am Nus – all dies aber so, dass es nicht heißt, „das der Erkenntnis nach Frühere" als solches auch schon absolutes „Früher schlechthin" ist.

3. Prinzip im Anschluss vor allem an die zweite Analytik (1991)

1. Viel zu gewaltig ist die Aufgabe, als dass man sich das, was Prinzip zu bedeuten hat, ohne Einschränkung hier zur Erörterung vornehmen dürfte. Denn schon der Standpunkt, demzufolge die Philosophie mit der Behauptung des Thales beginne, alles sei letztlich Wasser oder: das Prinzip von allem ist das Wasser, bedarf einer klaren Abgrenzung gegen den Mythos hin. Diese kann sich nicht darin erschöpfen, dass man feststellt, Thales sei der Erste gewesen, der alle Realität in eins zusammengefasst habe, sagt doch Aristoteles schon: „Von den ersten Philosophen hielten die meisten nur die stoffartigen Prinzipien für die Prinzipien aller Dinge; denn dasjenige, woraus alles Seiende ist und woraus es als dem ersten entsteht und worin es zuletzt untergeht, indem die Wesenheit besteht und nur die Beschaffenheiten wechseln, dies, sagen sie, ist das Element und das dies Seienden. Darum nehmen sie auch kein Entstehen und Vergehen an, indem ja diese Wesenheit stets beharre. […] Manche meinen auch, dass die Alten, welche lange vor unserer Zeit und zuerst über die göttlichen Dinge geforscht haben, derselben Ansicht seien; denn den Okeanos und die Tethys machten sie zu Erzeugern der Entstehung und den Eid zum Wasser der Götter, das bei den Dichtern Styx heißt …" (Met. 1 3, 983 ib: 6 ff., Übersetzung H. Bonitz). Es stehen demnach auch schon die vorphilosophischen Bemühungen (aller Völker offenbar immer schon) im Zeichen der Frage nach dem Prinzip; ja man kann mit Aristoteles (Met. 1 2, 982, b, 18 f.) so gesehen ganz allgemein sogar sagen, dass, wer Mythen liebt, in gewisser Weise schon ist, worum es hier geht: ein Philosoph. Diese ausgleichende Auffassung macht selbst einen Satz wie den folgenden verständlich: „Wenn nun außer den sinnlichen Dingen keine anderen existieren, so würde es kein Prinzip, keine Ordnung, kein Entstehen, keine himmlischen Dinge geben, sondern immer würde für das Prinzip wieder ein anderes Prinzip sein, wie dies den Theologen und [sogar noch] den Naturphilosophen widerfährt." (Met. XII 10, 1075 b 25 ff. Übersetzung H. Bonitz). Das heißt aber dennoch: Selbst als Prinzip verstanden ist Wasser (nach Aristoteles) etwas zu sehr Sinnliches, als dass es – weniger jenen Grad, als vielmehr: – jene Art von Differenz eindeutig vorstellig machen würde, die für die Funktion des so gesuchten Prinzips verlangt ist; man kann sie, wenn man in diesem Zusammenhang eine ansatzweise Anleihe insbesondere bei Kants Erfahrungsbegriff für gerechtfertigt hält, mit einem zeitgenössischen (von Erich Heintel geprägten) Ausdruck in Anbetracht jedenfalls ihrer Tendenz sogar transzendentale Differenz nennen: d.h. die Differenz, die das Physische

41

auf der einen Seite und das (sich) wissende und motiviert handelnde Ich auf der anderen gegeneinander abhebt (bzw. aufeinander bezogen weiß). Doch Letzteres sei nur nebenbei vermerkt. (Siehe evtl. dazu und zur sogenannten ontologischen Differenz E. Heintel, Die beiden Labyrinthe der Philosophie, Bd. 1, Wien und München 1968, Einleitung, § 7). Jene Differenz, auch wenn sie als noch nicht voll entwickelt zu betrachten ist, stellt in Abhebung von der Seite des (jeweils in Einzelheiten präsenten) Materiellen bzw. des (bloß unter anderem im Begriff Wasser zusammenfassbaren) Sinnlichen andererseits eine Instanz heraus, die für eine feste Allgemeinheit bzw. für Formierung durch Theorie – d.i. letztlich durch den am Ende der Zweiten Analytik sich ergebenden Nus – steht und die eben als Prinzip im engeren Sinn anzusprechen ist.

2. Derjenige Standpunkt, der, da er die Möglichkeit des Erkennens generell bestreitet, vor allem auch die Möglichkeit, dass sich Prinzipien des Erkennens angeben lassen könnten, zurückweist, ist der Skeptizismus. Er „begründet" diesen seinen Standpunkt unter anderem dadurch, dass für ihn, was man Erkennen nennt, in vitiöser Weise zirkulär ist oder sich im Unendlichen verlierend oder eben ohne feste Struktur bzw. ohne bleibendes Prinzip. Und er hält diesen Standpunkt seit der Antike z.B. über David Hume herein bis in unsere Tage – heutzutage wohl etwas lax geworden – durchgehend fest. (Was Letzteren angeht, habe ich in dem älteren Aufsatz „David Hume und ein Mythos aus Platons Theaitetos", Wiener Jahrbuch für Philosophie Bd. IX/1976 z.T. einschlägige Überlegungen angestellt). Etwas lax, wenn man, wie Odo Marquard („Abschied vom Prinzipiellen", Reclam; Stuttgart 19~87), aus skeptischer Erfahrung auf der skeptischen „Suche nach der leichten und, pointierten Formulierung" ganz allgemein bei der „Transzendentalbelletristik" landet (S. 9) und nun schreibt: „Die Skeptiker sind also gar nicht die, die prinzipiell nichts, wissen; sie wissen nur nichts, Prinzipielles: die Skepsis ist nicht die Apotheose der Ratlosigkeit, sondern nur der Abschied vom Prinzipiellen, [Absatz.] Demgegenüber will die prinzipielle Philosophie [wie ja irgendwie der Name schon sagt] prinzipiell und Prinzipielles wissen: darum fragt sie nach den Prinzipien und nach dem prinzipiellsten Prinzip" (S. 17).

Aber – so ist dieser Passage entgegenzuhalten: Es kann ja nicht nur um das gehen, was man will, sondern es muss auch um das gehen, was man kann; vor allem also auch darum, ob und was man wissen kann; und in dieser Hinsicht insbesondere um Begriff, Erreichbarkeit und auch eventuelle Faktizität von Wissen (Erkennen). Lehnt man Letzteres ab, so anerkennt man auch nichts Prinzipielles und befindet sich auf dem Boden pyrrhonischer Skepsis. Reklamiert man Wissen wenn auch nur in der lässigen Form, die bei Marquard als „Üblichkeiten" (S. 17) des faktisch Bestehenden aufscheint – für sich, dann sind auch schon solche länger anhaltende, im Verhältnis zu Augenblickserscheinungen eben niveauverschiedene Differenzen im Spiel, die, wenn man nicht bloß „seminarrativ" (S. 4) verfährt, zumindest als relative Prinzipien anzusprechen sind.

So viel nur eher indirekt im vorliegenden Zusammenhang zu Skepsis (und zuletzt Relativität).

3. Was näherhin die Frage des Prinzips – der Prinzipien – speziell im Rahmen und teils im Umfeld der Zweiten Analytik angeht, so tut man gewiss gut daran, sich für eine (im Folgenden jedoch nicht durchführbare) komplette Analyse übersichtsweise insbesondere vor Augen zu halten:

Generell besehen ist eine der Bedeutungen von Prinzip: „von wo her der ursprünglich zu erkennen ist; auch dies wird Prinzip des Sachverhalts, genannt, z.B. [sind] die [Platonisch verstandenen hypotheseis] Voraussetzungen Prinzipien der Beweise". Dasselbe gilt von Ursache (Met. V 1, 1013 a 14–17).

Als das eine Extrem des generalistisch ins Auge gefassten Erkenntniszusammenhangs – nun des Erkenntniszusammenhangs als eines epagogischen („induktiven") – wird man die Einzelsubstanz anzusehen haben (vgl. Cat. 5). Und über diese hinaus gilt in Ansehung der Fachwissenschaften: „Die meisten Prinzipien [der Schlüsse] sind den einzelnen Wissenschaften eigentümlich. Was also deren jeweilige Prinzipien angeht, so ist deren Angabe Sache der Erfahrung; die Prinzipien der astronomischen Wissenschaft z.B. hat die astronomische Erfahrung anzugeben" (Amal. priora I 3O, 46 a 17–20. Übersetzung in Anlehnung an Rolfes).

Das andere Extrem dieses Erkenntniszusammenhangs wird vorausschauend so charakterisiert: „... wir [also letztlich: Platon und Aristoteles] sagen auch, dass es nicht bloß Wissenschaft gibt, sondern auch einen Anfang von Wissenschaft, durch den [oder: weswegen,] wir die Begriffe erkennen." Und etwas später detaillierter: „Und wie [auch] sonst das Prinzip ein Einfaches, dies aber nicht überall dasselbe, sondern beim Gewicht die Mine, bei der Melodie das kleinste Intervall und bei anderem [wieder]anderes ist, so ist beim Schluss das Eine unvermittelte Prämisse und beim Beweis und der Wissenschaft der Nus." (1 3, 72 b 23–25 und 123, 84 b 37–85 a 1. Übersetzung z. T. nach Rolfes).

Was den zwischen diesen Extremen liegenden Bereich angeht, so lässt er sich am stringentesten in direktem Anschluss an den letzten Satz durch den terminus actionis Schluss bzw. dessen hauptsächliche Erscheinungsformen charakterisieren: durch das Enthymem oder den rhetorischen Schluss, durch den dialektischen, sophistischen (bzw. eristischen) und schließlich den wissenschaftlichen (bzw. apodiktischen) Schluss – durch Vorgänge also, die von einer ihnen entsprechenden Protasis als adäquatem Prinzip ihren jeweils konkreten vorläufigen Ausgang nehmen und sich zuletzt wie zuhöchst in der genannten unvermittelten Prämisse epagogisch einheitlich zusammenschließen, welche wohl als der an dieser Stelle nicht direkt genannte Satz des Widerspruchs (principium contradictionis) anzusehen ist, der kraft seines fundamentalen Rangs ebenso wie Wissenschaft und Beweis direkt im Nus mit eingewurzelt ist. Welcher ganze einerseits deduktive andererseits epagogische Schlusszusammenhang seine direkte Entsprechung hat im Gestern schon erörterten Bekannter und Klarer sowie Früher und Bekannter „für uns" einerseits und „schlechthin" andererseits – sieht man hierbei, das ganze Organon überblickend, davon ab, dass Prinzip vor allem auch noch Urteil (vgl. De int.), Kategorie (und als solche insbesondere Usia, vgl. Cat.) sowie Topos (vgl. Top.) ist, und sieht man davon ab, was Prinzip in der Zweiten Analytik außer dem schon bisher Genannten vorrangig noch ist: nämlich logisch-erkenntnistheoretische Orientierung sowie Weg-Entdeckung und – Markierung in Hinsicht auf: Prinzip, Wissenschaft, Begründung, Mittelbegriff, Begriffsbestimmung (Definition) und ihre Grenzen, Was-Sein und Dass.

So vielgestalt und so vielzählig, wie er sich allein schon hier ankündigt, ist der Aristotelische Begriff von Prinzip also. Ja es gibt der Anzahl nach sogar „nicht viel weniger Prinzipien als, Schlusssätze; denn Prinzipien sind die Prämissen, die Prämissen aber [entstehen] dadurch, dass man einen [anderen äußeren] Begriff hinzunimmt oder einen [anderen mittleren] einschiebt. Ferner sind die Schlusssätze unbegrenzt [an Zahl], die Begriffe jedoch begrenzt" (1 32, 88 b 3–7, Übersetzung z.T. nach Horst Seidl).

Die im letzten Satz zum Ausdruck kommende Verknüpfung von begrenzt und unbegrenzt im Rahmen des syllogistischen Ganzen verdient gewiss besondere Aufmerksamkeit. Es geht dabei jedenfalls nicht – wie man aus der Sicht etwa kombinatorischen Verfahrens auf den ersten Blick hin annehmen könnte – darum, dass durch Kombination oder Variation von endlich vielen Prämissen bzw. Begriffen (bzw. Termen) eine (aktual) unendliche Anzahl von Schlusssätzen gegeben ist. Denn nach Aristoteles existiert „das aktual Unendlich durch Hinzufügen, also im Großen, nicht", da „die Welt durch das Himmelsgewölbe (die Fixsternsphäre) begrenzt ist"; dagegen gibt es „in gewissem Sinne ein solches [Unendliches] durch Teilung, also im Kleinen" – in dem Sinne nämlich, dass es „vor der Teilung nur potentiell" vorhanden ist und durch diese erst zur Aktualität gelangt. (Nach Oskar Becker, Größe und Grenze der mathematischen

Denkweise, Freiburg/München 1959, S. 84. Für einschlägige Hinweise danke ich auch meinem studentischen Kollegen Ernst Rücklinger vom Wiener Institut für Mathematik).

Mit all ist dem Aristoteles der „Physik" III 6 zufolge auch gesagt, „dass Unendlichkeit genau das Gegenteil von dem ist, wofür es zu gelten pflegt. Unendlich ist nicht das, was nichts außer sich sondern gerade das, welches immer noch etwas außer sich hat": – eine Einsicht, die für die Schlusssätze (deren Konkretion ja letztlich hin bis zur Individuation zu reichen vermag) ebenso gilt wie für die explizit angeführten Beispiele Tag und (olympisches) Kampfspiel, die wie „die Glieder der menschlichen Zeugungskette jeweils vergehen, ohne dass jedoch (die Sukzession selbst) ein Ende hätte." Welchem so zu verstehenden aktualen bzw. potentiellen Unendlichen als Gegenteil das gegenübersteht, „das nichts außer sich hat", nämlich „das Vollendete und Ganze" (Übersetzung fast zur Gänze nach Hans Wagner). Und genau Ganzheit ist ja das, worum es dem Organon selbst bzw. dem Beweis und z.B. auch der ersten syllogistischen Figur zuerst und zuletzt zu tun ist; deren Bestimmung lautet nämlich: „Wenn sich also drei Begriffe so zueinander verhalten, dass der letzte [der Unterbegriff] im Ganzen ist dem mittleren und mittlere im Ganzen ist oder nicht dem ersten [dem Oberbegriff], dann muss für die Außenbegriffe der Schluss vollkommen sein." Und im Bereich der Ganzheit nur – nicht in dem des Aktual-Unendlichen oder in dem der potentiellen Unendlichkeit – liegen nach Obigem die Prinzipien und damit das Allgemeine; und diese eben sind es, die das Erkennen ermöglichen. Was übrigens – soviel noch nebenbei – die schwierige Frage betrifft, „ob die Prinzipien des Vergänglichen und des Unvergänglichen dieselben oder verschiedene sind", so ist sie im sogenannten Aporienbuch der „Metaphysik" mit aufgezählt (Met. III 4, 1000 a 6–7).

4. Die Zweite Analytik kann und muss (nach der in den übrigen Schriften des Organons für die Komplettierung der Beweisstruktur erbrachten Lösung der zugehörigen Sonderprobleme) gleich eingangs global die explizite Frage nach dem (ganzen) Begriff des Wissens stellen – mit anderen Worten: die Frage auch nach dem schlechthin Früheren und Bekannteren dieses Begriffs oder (Kantisch) nach dessen apriorischen Bedingungen. Ein Teil der Antwort auf diese Frage liegt wie bekannt, in der näheren Bestimmung dessen, worin die Unmittelbarkeit von Schluss besteht. Die einschlägige Stelle lautet (1 2, 72 a 14–24): „Was [die Frage] unmittelbares Prinzip eines Schlusses betrifft, so nenne ich These [das Prinzip], das man nicht ableiten kann und das der, der etwas lernen will, nicht [von vornherein] innehaben muss; das [Prinzip] hingegen, das jeder, der lernen will, [von

vornherein] innehaben muss, [nenne ich] Axiom; es gibt nämlich einiges derartiges und für dies pflegt man diese Bezeichnung vor allem zu verwenden. Von
[dem, was] These [ist, nenne ich] die, die den einen oder den anderen Teil des
Widerspruchs – ich meine z.b., dass etwas ist oder dass etwas nicht ist – an-
nimmt, Hypothese, diejenige, die nicht so [vorgeht], Begriffsbestimmung. Denn
die Begriffsbestimmung ist zwar eine These; denn der Arithmetiker setzt Einheit
als das der Quantität nach Unteilbar-Sein; aber sie ist keine Hypothese; denn was
Einheit ist und das Sein von Einheit sind nicht dasselbe."

Dass die hier in Rede stehende Weise von (apriorischer) Unmittelbarkeit keine solche sein kann, dass aus ihr alles Spätere durch Deduktion in notwendiger
Folgerung abzuleiten wäre, geht schon daraus hervor, dass diejenige Gestalt von
Prinzip unter den dreien, die sowohl für formalinhaltliches Was als auch mate-
rialinhaltliches Dass steht, die Hypothesis nämlich, von sich aus für beider Position oder Negation dialektisch offen ist und in diesem Sinne nichts Bestimmtes
voraussetzt. (Es ist aber umgekehrt – soviel schon an vorliegender Stelle – auch
nicht Induktion im heute gängigen Sinn dieses Terminus, sondern Epagoge, was
die „früheste" Prämisse bzw. den höchsten Begriff auch der Zweiten Analytik
abschließend resultieren lässt.) Und doch ist jene (apriorische) Unmittelbarkeit
in Gestalt dessen, was Axiom – insbesondere in seiner von Anfang an unangreif-
barsten Form, dem Widerspruchsprinzip nämlich – ist, in jedem Moment des
Erkenntniszusammenhangs (allein schon formalinhaltlich) voll präsent. Dieser
Umstand ist es denn auch, der in gewisser Weise dazu berechtigt, von Evidenz
oder Selbstevidenz dieses Prinzips zu sprechen: in der Weise nämlich, dass man
auf allen Entwicklungsstufen jedenfalls auch von „Rhetorik" und Organon und
vor allem auf dem Boden unserer Zweiten Analytik ein klares Bewusstsein davon hat, dass Bejahung und Verneinung einander ausschließende Gegensätze
sind, die das Sein, das sie wiedergeben, nicht als in ihrer Gegensätzlichkeit zugleich wahr seiend auffassen können. (Anal. post. I 2, 72 a 11–14 und, 71 b 25 f.)
Der Satz des Widerspruchs ist so verstanden also weder inhaltsleer, noch von
bloß formalinhaltlicher, d.i. Seinsirrelevanter Beschaffenheit, sondern hat zugleich durch und durch ontologische Bedeutung, die so unterschiedlich ist, wie
es diejenige Bedeutung ist, die nach Aristoteles dem Seienden selber zukommt
(und die wohl am besten im Wege der Analogie – für die in diesem Bezug auch
Wolfgang Wieland in seinem Buch „Die aristotelische Physik" plädiert – zu
systematisieren ist.) Die besagte Unterschiedlichkeit allein schon macht verständlich, dass und warum man vom Organon als einer logischen wie auch erkenntnistheoretischen Arbeit sprechen muss.

5. Obwohl, wie dargelegt, gleich vom globalen Erkenntnisaufriss her klar ist, von welcher Art von Prinzipien her bzw. auf welche hin die Erkenntnisbewegung ausgerichtet ist und obwohl sich gleich von deren Beginn an die – erst in der „Metaphysik" voll hervortretende – besondere Rolle des Widerspruchsprinzips ankündigt, ist und bleibt dasjenige (axiomatische) Prinzip, das den zusammenfassenden höchsten Punkt jener besagten Bewegung bildet, fast bis zuletzt im Hintergrund. Und dies muss bei einer epagogischen Bewegung ja wohl auch so sein. Hat doch auch Platon im Liniengleichnis (Politeia VI, 509 c 1 ff., Übers. F. Schleiermacher) scharf geschieden zwischen Hypothesen und eigentlichem Prinzip: Seine Hypothesen sind einerseits so etwas wie Prinzipien für alles, was sie (z.B. als Grundlagenprinzipien der Geometrie) in sich befassen und sie sind andererseits wahrhaft Voraussetzungen als Einschritt und Anlauf eben auf das „keiner Voraussetzung weiter bedürfende" eigentliche Prinzip hin.

Auch Aristoteles' Hypothesen und Begriffsbestimmungen (Definitionen) haben insgesamt eine ähnliche, vielleicht sogar gleichartige Funktion; ja sie sind sogar Verdichtungen, die jene Einschritte und Anläufe, die sich bei Platon relativ abrupt herausheben, in permanenter Beweglichkeit und weitgehend übergangslos sozusagen aus allen Lagen syllogistisch-epagogisch („deduktiv") auf die immer schärfere Herausarbeitung des eigentlichen Prinzips hin vorantreiben sollen – nach einer ersten allgemeineren Strukturierung eines kontrolliert ausgesuchten, strikter argumentativer Verbindlichkeit zuzuführenden Fragebereichs syllogistisch über Vermittlung der (sozusagen mittleren) Allgemeinheit des adäquaten Mittelbegriffs, epagogisch aufgrund des „für uns" höheren Bekanntheitsgrads des Unterbegriffs – dort wie hier auch aus einer lebensweltlichen Gesamtsituation heraus, die auch deshalb der Faktizität ihres Dass gewiss sein kann, weil sie durch Dasein samt Wahrnehmungen und deren Einordnung begründet ist. (Anal. post. II 19).

Mit all dem ist eine sich als systematisch verstehende wirkliche Bewegung wissenschaftlicher Begründung – der Begründung in der Weise der Wissenschaft einerseits und der Erfordernis einer Begründung von Wissenschaft als solcher andererseits – im Gange, welche Begründung samt ihrem zu guter Letzt epagogischen Resultat sich gemäß einem hoffentlich nicht mehr ganz zeitgemäßen kriegerischen Aristotelischen Bild mit einem sich zur Flucht gewendet habenden Heer vergleichen lässt, das seine anfängliche Formierung – Anfang und Prinzip fallen hierbei zusammen – wiederherstellt, „einer stehen bleibt, und dann ein anderer und dann noch einer" (II 19, 100 a 12 f.): beginnend mit der Wahrnehmung über Erinnerung, Erfahrung, Techne (Kunst) und Wissenschaft bis hin zum diese fundierenden Prinzip als der einschlägig höchsten Allgemeinheit. Dabei entsteht z.B. die Kunst „dann, wenn sich auf Grund vieler Eindrücke der Erfahrung eine vereinheitlichend allgemeine Annahme über Ähnliches bildet. Denn die Gewinnung der Annahme, dass dem Kallias, als er an dieser bestimmten Krankheit litt, dieses bestimmte Heilmittel half und ebenso dem Sokrates, und desgleichen vielen einzelnen, gehört der Erfahrung an; die [weitere] Annahme jedoch, dass es all denen, die sich zu einer einheitlichen Art zusammenfassen ließen, half, wie z.b. den an Verschleimung, an Gallensucht oder an hitzigem Fieber Leidenden, gehört der Kunst an." (Met. I 1, 981 a 5–12.)

Und wie schon gestern ist auch an vorliegender Stelle zu bedenken, dass die in Rede stehende Such- und Erkenntnisbewegung, die hier den unvermittelten Prinzipien gilt, weder darauf basieren kann, dass uns diese Prinzipien – unbemerkter Weise „genauer [und damit auch deutlicher], als der Beweis es ist" (Anal. post. 1119, 99 b 27) – schon bekannt sind, noch auch auf einem Status ihrer gänzlichen Abwesenheit; in letzterem Fall wäre allein schon laut Einleitungssatz der Zweiten Analytik (ihre) Erkenntnis nicht möglich, weil so keinerlei Erkenntnis vorherginge. Vielmehr ist für diese Such- und Erkenntnisbewegung (wie schon im Anschluss an den gestern zitierten „streitsüchtigen Satz" in Platons „Menon") ein Mittleres notwendig – eine Dvnamis, eine ursprüngliche, (das Wahre bzw. das Sein letztlich zu treffen vermögende) Unterscheidungsfähigkeit (99 b 35), die allen Lebewesen schon als Wahrnehmung (und in dieser beim daher großen Biologen Aristoteles entschieden erkenntnisgewichtiger als bei Platon) in der Tat ja gegeben ist.

Und die besagte Erkenntnisbewegung gipfelt – von der deutlicheren Gliederung der so erreichten unmittelbaren Prinzipien vor allem auch in den Satz des Widerspruchs abgesehen – im Nus, dem Geist oder der Vernunft. In ihm hat die (beweisende) Wissenschaft ihren Grund schlechthin; in ihm kommt sie als, dem in Vergleich mit ihr selbst „Wahreren" (100 b 11 f.) „zum Stehen" (vgl. etwa 100 a 12); in ihm ist sie im Unterschied zur Unfasslichkeit des Aktual-Unendlichen ganz. Ganz ist sie in ihm auch als in derjenigen allgemeinsten Instanz, die alles „für uns Frühere und Bekanntere" in dessen zugleich eigener Dynamis zuletzt vorrangig „immer schon" mit aktualisiert.

4. Zum Begriff des Beweises in der Antike bis Euklid (1994)

Einleitung

„Beweis" – so die im zweiten Kapitel der Zweiten Analytik (171 b 17–23) bis heute diesen Begriff wie der Maßstab bestimmende Aristotelische Charakterisierung – „nenne ich [den] wissenschaftlichen Schluss, wissenschaftlich nenne ich ihn in dem Sinne, dass wir, wenn wir in seinem Besitz sind, wissen". Wenn also – so wird begreiflicherweise gleich erläuternd hinzugefügt – „Wissen das ist, als was wir es [soeben] bestimmten, dann muss die beweisende Wissenschaft auf Wahrem, Erstem, Unmittelbarem und im Vergleich zum Erschlossenen Bekannterem, Früherem und Ursächlichem fußen; denn so nur werden die [betreffenden] Prinzipien für das [daraus] Gefolgerte eigentümlich sein." Doch ist „der Beweis zwar ein Schluss, aber nicht jeder Schluss ist Beweis" (Anal. priora 14, 25 b 30 f.,), denn es differieren beide in Betreff der Allgemeinheit.

Aus welch bisheriger Charakterisierung vor allem ein Doppeltes ersichtlich ist: Einesteils sind die Archai bzw. ist die Arche (d.i. das Prinzip, der Ursprung, ebenso – siehe oben – das Erste, synonym zunächst auch das Axiom (siehe dazu Anal. post. 12, 72 a 16 f. und Lumpe 1955) für den Beweis vorausgesetzt, nämlich Grundlage – dies freilich „wirklich" nur dann, wenn im Anschluss daran (schlechte) Zirkularität und unendlicher Regress auszuscheiden sind (siehe dazu Anal. post. 13. Vgl. auch Verf. 1978 und 1987, S. 562 ff.). Akos von Pauler (1933) sagt S. 119 ff. sogar, dass „die Einsicht der Unmöglichkeit des regressus in infinitum die Wurzel der ganzen aristotelischen Logik und Metaphysik" bzw. „die letzte Grundlage des aristotelischen Philosophierens" bildet, eines „so einheitlichen, bis in die letzten Einzelheiten durchdachten philosophischen Systems", wie es vor Aristoteles keines gegeben habe. „Prinzip des Beweises ist [so] nicht [und kann nicht sein] der Beweis (Anal. post Il 19, 100 b 13 u. Met. IV 6, 1011 a 13), sondern Prinzip des Beweises – in erster Linie des Beweises schlechthin (Met. XI 5, 1062 a 2 f.) bzw. des allgemeinen oder eigentlichen Beweises (Anal. post. 1 24) – ist eine andere Erkenntnisform" (De gen. anim. 116, 742 b 32) bzw. ist, ins Positive gewendet und im vorliegenden Zusammenhang bloß behauptet, das unmittelbare Erfassen oder jedenfalls berühren eben jenes oben angesprochenen (wirklichen, weil aktuell wirkenden) Prinzips selbst, bzw. ist das (stets irgendwie inhaltliche) Was (z.B. Anal. priora 127, 43 b 7 u. Anal. post. 1 22, 82 b 37 sowie

11 2, 90 a 31), sind, mehr ins Konkrete gewendet, die ihrerseits unbeweisbaren Begriffsbestimmungen (siehe dazu den Bonitz-Index unter Apodeixis) oder, aber zuletzt in eben diesem Sinne, die Hypothesen (auf Deutsch besser im Singular die Grundlage, vgl. Met. V 1, 1013 a 16) bzw. ist, noch konkreter sowie die Unmittelbarkeit wieder heraushebend gesagt, der nicht vermittelte Vordersatz (Anal. post. 1 2, 72 a 7). Denn es gibt – und dies steht für die Unersetzbarkeit der Erfahrung – ja nicht nur von der Substanz als solcher (siehe wieder den Bonitz-Index unter Apodeixis), sondern auch von den in erster Linie in die Wahrnehmung fallenden Einzelsubstanzen keinen Beweis (Met. VII 15, 1039 b 27–29), bzw.: „es kann zwar von den wahrgenommenen Größen einen Beweis geben, aber nicht insofern sie wahrgenommen, sondern insofern sie eben dies, nämlich Größen sind" (Met. XIII 3, 1077 b 20–22. Übers. z.T. von Bonitz). Vom bisher charakterisierten direkten ist, wie bekannt, der indirekte Beweis zu unterscheiden, der von einer vom Gegner benützten Hypothese ausgeht bzw. im weitern auch der Beweis vermittels des Unmöglichen, die beide im Vorliegenden aber keine Berücksichtigung finden (vgl. Anal. priora 123, 40 b 25 ff. und 41 a 23 ff.).

Siehe insbesondere Met. IX 10, 1051 b 17–32: „Was bedeutet nun aber bei dem Unzusammengesetzten Sein und Nichtsein, Wahr und Falsch? Denn dies ist ja nicht zusammengesetzt, so dass es wäre, wenn es verbunden, nicht wäre, wenn es getrennt wäre, wie dies bei dem weißen Holz oder der inkommensurablen Diagonale der Fall ist, und so wird auch Wahrheit und Falschheit hier nicht in dem Sinne stattfinden wie bei jenen. Oder es wird, so wie das Wahre, auch das Sein für dieses nicht denselben Sinn haben (wie für das Zusammengesetzte); vielmehr ist es beim Wahren oder Falschen hier so, dass jenes ein ‚Berühren' und Sagen ist – denn Sagen ist nicht dasselbe wie Aussagen über etwas, da – Nichtwissen aber ist ‚Nicht-Berühren'. Eine Täuschung ist bei dem Was nicht möglich außer in akzidentellem Sinne, und ebenso bei den nicht zusammengesetzten Wesen; denn auch bei diesen findet keine Täuschung statt. Und alle diese sind der Wirklichkeit, nicht dem Vermögen nach; denn sonst würden sie entstehen und untergehen; nun kann aber das Seiende selbst weder entstehen noch untergehen, da es sonst aus etwas entstehen würde. Bei dem also, was ein an sich und in Wirklichkeit ist, ist keine Täuschung möglich, sondern nur Denken [vernunftmäßiges Erfassen] oder Nichtdenken." (Übers. H. Bonitz in der Bearbeitung von H. Seidl.) Zu „berühren" siehe auch Platon, Parmenides 138 a und 148 d ff. sowie Schelling (nach Oeser o.J. S. 93 ff.) Und andernteils ist, wie gesagt, jeder Beweis ein Schluss. Als beweisender Schluss verläuft die diesen charakterisierende Erkenntnisbewegung deduktiv – gegenläufig also zu dem gleichfalls auf dem Schlusszusammenhang basierenden epagogischen (oder „induktiven") Erkenntnisverlauf: deduktiv nämlich generell und mit Heraklit bildlich gesprochen, in der Spannung eines Von-oben-nach-unten bzw. eben umgekehrt – des top down bzw. bottom up, wie seit Kurzem gesagt wird. Nicht nur induktiv, sondern auch deduktiv ist bei Aristoteles nicht einfachhin in der heutigen begrifflichen (insbesondere nicht der heutigen eventuell bloß formallogischen) Bedeutung gebraucht. (Siehe dazu auch von Fritz 1984. Vgl. dazu Top. 112 und Anal. post. 118, 81 a 40 bzw. Diels 22 B 60). Dieser so charakterisierte Erkenntnis-Gesamtzusammenhang hat also erkenntnistheoretisch – letzterer Begriff im Sinne der antiken Theoria, also in sowohl ontologischer wie auch transzendentaler Bedeutung genommen – ein durchgehend doppelseitiges Früher und Bekannter in sich: „Denn nicht identisch ist ‚früher von Natur aus' [oder mit einem anderen Ausdruck: „früher schlechthin" und ‚früher für uns [nämlich: für uns Menschen als animalia rationalia und ‚bekannter [von Natur aus oder schlechthin]' und ‚bekannter für uns'." Ich nenne für uns früher und bekannter, was der Wahrnehmung näher liegt, schlechthin früher und bekannter, was ihr ferner liegt. [Ihr] am fernsten ist das Allgemeinste, [ihr] am nächsten hingegen das [am] Einzelne[n]. Und diese [beiden] sind sich entgegengesetzt. (Anal. post. 1 2, 72 b 33 – 72 a 5, Übers. weitgehend nach Rolfes.)

Was nun 1. den Bereich des Schlussartigen ohne die zunächst außer eigentlichem Betracht bleibende Frage nach dessen eventueller Beweiskraft angeht, so ist es nach dem Bisherigen als – verglichen mit dem Beweis – den Einzelwesen und damit auch der konkreten Erfahrung näherliegender Bereich anzusehen. So gesehen ist klar, dass die vorgriechischen astronomischen Erkenntnisse – z.B. die der Babylonier – vereinfacht ausgedrückt im Sammeln von einschlägigen Beobachtungen und im Entdecken (und schließlich „Extrapolieren" [E. Oeser]) ihrer Regularitäten bestanden hat; und dass, was die vorgriechische Mathematik angeht, deren Kenntnis gerade bei den Babyloniern als (vielleicht von den Indern und Chinesen abgesehen) der diesbezüglich am weitesten fortgeschrittenen Kulturgemeinschaft nach Otto Neugebauer (1934, S. 1 u. 203 f.) in von ihm so genannten „Tabellentexten", bestehen, welch Letztere als Behandlung „konkreter Aufgaben" offenbar die Funktion gehabt hätten, „das praktische Rechnen zu erleichtern", das insgesamt zweifellos auf der Basis freilich undeklarierten logischen Schließens erfolgt ist, bzw. nach Oskar Becker (1966, S. 11) in weitgehend gleichlautender Kennzeichnung im Sammeln von „Rezepten" sowie „von Aufgaben, die in spätbabylonischen Texten auch systematisch geordnet auftreten", ohne dass in ihnen aber von „mathematischer Argumentation, von Beweisen und dergleichen" irgendwo die Rede wäre (wiewohl sich in Indien immerhin „einige allgemeine Sätze ausgesprochen" finden).

Besagte Argumentation und Allgemeinheit findet sich dagegen von Anfang an in der griechischen Mathematik – bei Thales, bei dem zugleich mit Letzterer ja auch die Philosophie (als spezifische Weise von Philosophie, vgl. Arist. Met. I 3, 983 b 20) beginnt. Es sind an der schon von H. Hankel (Geschichte der Mathematik im Altertum und Mittelalter, Leipzig 1874, S. 207. Siehe hierzu Becker 1938, S. 152) vorgelegten und von Becker (1966, S. 37 f.) übernommenen so genannten „thaletischen Grundfigur" (siehe Figur 1) durchgeführten Symmetriebetrachtungen, die diese Argumentation und Allgemeingeltung – wenn auch noch nicht in abschließender Exaktheit – leisten bzw. zeigen. Becker charakterisiert die angesprochene Grundfigur übrigens so: „ein Rechteck mit Diagonalen, darum ein Kreis, dessen Mittelpunkt der Diagonalenschnittpunkt ist. Zwei aufeinander senkrechte Symmetrieachsen durch den Mittelpunkt, parallel zu den Rechteckseiten."

Figur 1

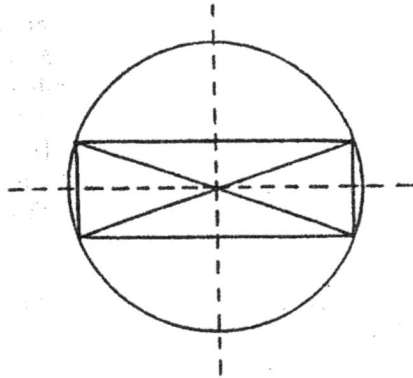

In logisch exakter Herausarbeitung stellt sich dagegen ein in der Aristotelischen Analytica priora 124, 41 b 15–22 überlieferter, nach Becker die „thaletische Grundfigur" vor Augen habender Argumentationsgang wie folgt dar (siehe dazu Figur 2): „Wenn wir annehmen, dass die Winkel a + g und b + d gleich sind, ohne allgemein zu behaupten, die Halbkreiswinkel seien gleich, ohne die weitere Annahme zu machen, die beiden Winkel jedes Segments seien gleich, und wenn wir schließlich den Schluss machen würden, dass, weil die ganzen Winkel (a + g bzw. b + d) gleich seien und gleiche Winkel (g bzw. d) von ihnen subtrahiert würden, die übrig bleibenden Winkel a und b gleich seien, ohne allgemein anzunehmen, dass Gleiches von Gleichem abgezogen gleiche Reste ergibt – dann würden wir eine petitio principii begehen." (Übersetzung Becker).

Figur 2

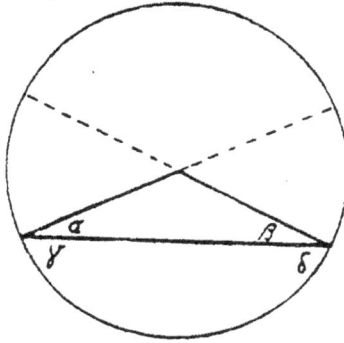

Das bedeutet: Ein Schluss lag bei Thales nur dann und nur so weit vor, wenn bzw. wie weit bei der Thaletischen Überlegung (letztlich abgestufte) Allgemeinheit im Spiele war. „Denn ohne das [zumindest bei einem der Begriffe bejahend gefasste] Allgemeine kommt entweder kein Schluss zustande oder nicht in Hinsicht auf das, was [im betreffenden Fall] vorliegt, oder man begeht eine petitio principii." Dies sei eine Einsicht, die man nach Aristoteles besonders an geometrischen Figuren gewinnen könne, wie z.B. an der zuletzt erwähnten, bei der es um den Erweis „der Gleichheit der Basiswinkel" geht. Dieser Erweis wird auf Grund der Annahme [geführt], dass in einem festen Kreise die gemischtlinigen Halbkreiswinkel einen festen Wert besitzen, was aus dem thaletischen Satz folgt, dass jeder Durchmesser den Kreis halbiert. Ferner wird angenommen, dass die beiden gemischtlinigen Winkel in jedem Segment gleich sind, was aus der – in der ‚Grundfigur' zutage tretenden – Symmetrie folgt." (Becker 1966, S. 38 f. und 1938, S. 151 sowie Aristoteles, Anal. priora 124, 41 b 6–9 und 13–15.) Besonders interessant ist bei all dem der Begriff des Winkels, „des gemischtlinigen und des geradlinigen, den die vorgriechische Geometrie noch nicht benützt zu haben scheint. [Und nach einigen sich auf Illustrationen stützenden Zwischenüberlegungen:] Man hat hier deutlich vor Augen, wie sich der Winkelbegriff schrittweise von den Bedingungen der Symmetrie frei macht. Bis in die Spätantike hinein bot er übrigens gewisse Schwierigkeiten. So stritt man darüber, ob der Winkel eine Quantität, Qualität oder Relation sei" (Procl., in Eucl. p. 121, 12–123, 13).

Es ist eben etwas Gewaltiges im Prozess der um den Begriff ihrer selbst bemühten „zugleich gegebenen und aufgegebenen" (E. Heintel) Menschwerdung, wo und wenn sie zur Erfassung des Begriffs des Allgemeinen (bzw. vor dessen

Hintergrund und in seiner Folge des Schlusses und Beweises) kommt. In einem ersten Aufriss dieses Aristoteles zufolge von Anfang an epagogisch-syllogistischen – in geläufigerer Terminologie ineins aposteriorisch-apriorischen – Prozesses charakterisiert Letzterer im einleitenden Kapitel des ersten Buchs seiner Metaphysik diese Erfassung, wie bekannt, unter anderem so: „Auf Grund der Erinnerung entsteht beim Menschen die Erfahrung; denn viele Erinnerungsvorstellungen an ein und denselben Gegenstand erlangen den Stellenwert einer einheitlichen Erfahrung. Ja es scheint die Erfahrung fast der Wissenschaft und der Kunst gleichzukommen, [genauer gesagt] jedoch gehen Wissenschaft und Kunst beim Menschen aus der Erfahrung hervor; denn Polos sagt mit Recht: Erfahrung bringt Kunst, fehlende Erfahrung Zufall hervor. Die Kunst entsteht dann, wenn sich auf Grund vieler Eindrücke der Erfahrung eine vereinheitlichend allgemeine Annahme über Ähnliches bildet. Denn die Gewinnung der Annahme, dass dem Kallias, als er an dieser bestimmten Krankheit litt, dieses bestimmte Heilmittel half und ebenso dem Sokrates und desgleichen vielen einzelnen, gehört der Erfahrung an; die [weitere] Annahme jedoch, dass es all denen, die sich zu einer einheitlichen Art zusammenfassen ließen, half, wie z.B. den an Verschleimung, an Gallensucht oder an hitzigem Fieber Leidenden, gehört der Kunst an ... Aber dennoch glauben wir, dass Wissen und Begreifen mehr der Kunst zukommen als der Erfahrung, und nehmen an, dass die Künstler weiser sind als die Erfahrenen, zumal Weisheit einem jeden gemäß dem Maß des Wissens zuzuschreiben sei; dies deshalb, weil die einen um die Ursache wissen, die anderen jedoch nicht" (Met. I 1, 980 b 28–981 a 28. Siehe dazu im Zusammenhang Verf. 1987, S. 78 ff.).

Sich auf „Diogenes den Laertier" berufend, der von unseren oben z.T. genannten „kleinesten, und, nach dem gemeinen Urteil, gar nicht einmal eines Beweises benötigten, Elementen der geometrischen Demonstrationen den angeblichen Erfinder nennt", sagt, wie wir wissen, schließlich Kant zu Beginn der Vorrede zur zweiten Auflage seiner Kritik der reinen Vernunft in Ansehung der Mathematik, dass die im Vorliegenden in spezifischer Weise in Rede stehende „Revolution der Denkart" schon den alten „Mathematikern äußerst wichtig geschienen haben müsse". „Als Spur der Entdeckung" eines „neuen Weges" hätte er diese Revolution übrigens doch auch schon in Ansehung der antiken Philosophie – nämlich dieser jedenfalls sekundär) auch als Transzendentalphilosophie – verstehen dürfen. „Dem ersten [nämlich], der den gleichschenkeligen Triangel demonstrierte, (er mag nun Thales oder wie man will geheißen haben,) dem ging ein Licht auf –, denn er fand, dass er nicht dem, was er in der Figur sah oder auch dem bloßen Begriffe derselben nachspüren und gleichsam davon ihre Eigenschaften ablernen, sondern durch das, was er nach Begriffen selbst a priori hineindachte und darstellte (durch Konstruktion) hervorbringen müsse und dass er, um sicher etwas a priori zu wissen, er der Sache nichts beilegen müsse, als was aus dem notwendig folgte, was er seinem (allgemeinverbindlichen) Begriffe gemäß selbst in sie gelegt hat."

Nebenbei gesagt freilich: Das Seiende bzw. das Ding alternativ entweder nach dessen Begriff oder nach dem Begriff des Betrachters fassen zu wollen, ist ungriechisch und übrigens wohl überhaupt aporetisch.

Letzteres würde zudem sogar den kaum wiedergutzumachenden Verlust des zentralen antiken Begriffs der Theoria bedeuten, die beides war, und ist – Bestimmtsein durch den Gegenstand und durch den Betrachter. Erst dieser heute kaum relevante Theoria-Begriff, der ohne Muße nicht denkbar ist, macht die (mit Aristoteles so gegliederten) theoretischen Wissenschaften Philosophie, Mathematik und (antike) Physik zu um ihrer selbst willen von freien Menschen getriebenen Wissenschaften" – zu „freier Lehre, die die Mathematik Pythagoras zufolge explicite (vgl. Becker 1966, S. 12) bzw. die allgemeiner die die ersten Prinzipien und Ursachen über das primär Schlussartige hinaus untersuchende und daher göttlichste Wissenschaft Erste Philosophie Aristoteles zufolge ist. (Aristoteles, Met. 11, 981 b 24 f. und Platon, Theailetos, 174 a 4 ff. 13Met. 12, 982 b 9, 27 und 983 a 5)

Genauer sagt Heintel (1986, S. 70): „Man fragt [dabei] erstens nach dem Anfang in verschiedenem temporalem Sinn, zweitens nach dem ursprünglichen Prinzip als dem grundlegenden Seienden und verbindet drittens mit dem Wort auch noch einen Hinweis auf Herrschaft und Vorrangigkeit." (Siehe dazu Hölscher 1983, S. 135 ff.) sowie insbesondere die folgende Stelle aus Hönigswald 1956, S. 21 (worin das Wasser gleichfalls maßgebliche Bedeutung hat): „Die ältesten kosmogonischen Dichtungen der Babylonier setzen mit einer Schilderung des ‚Chaos‘ ein. Diesen Zug teilen sie bei aller Individualität mit den meisten anderen Schöpfungserzählungen. Denn das Chaos bietet sich als gleichsam selbstverständlicher Anknüpfungspunkt für jede Entstehungsgeschichte der Welt dar, sofern nämlich die Welt nach der ursprünglichen Bedeutung des Wortes ‚Kosmos‘, als ‚schmuckhafte Ordnung‘ der Dinge aufgefasst wird. Wie sie nun diesen Begriff einführt, entscheidet letzten Endes auch über das Verhältnis einer Kosmogonie zum Motiv des Chaos. Daher erfreut sich auch das Chaos in den verschiedenen Schöpfungsberichten ganz verschiedener Strukturbeschaffenheit. Sofort aber erschließen sich hier der tiefer eindringenden Überlegung sehr bezeichnende dialektische Zusammenhänge. Zunächst stellt sich nämlich der Begriff eines ‚absoluten‘ Chaos zu kritischer Erörterung, oder anders und vielleicht treffender: er schaltet sich aus jeder kritischen Erörterung grundsätzlich aus.

Denn nur der ,Übergang' zum Kosmos gibt dem Chaos kosmogonischen Sinn und kosmogonische Funktionen. Die Begriffe ,Chaos' und ,Kosmos' stehen in einem unveräußerlichen Wechselbezug. Vom Kosmos her gewinnt daher auch das Chaos seine jeweils spezifische Bestimmtheit und damit erst seinen jeweils spezifischen Abstand vom Kosmos. Der babylonische Schöpfungsmythos lässt denn auch darüber keinen Zweifel:

Als droben der Himmel noch nicht benannt war(d),
Drunten die Erde (das Land) noch keinen Namen trug.
Als der Ozean Apsu, der uranfängliche, der sie erzeugte,
Und die Meerflut, das Urbild (der Welt); Mummu-Tiamat, die sie alle gebar,
Ihre Wasser zusammenmischten,
Während ein Rohrstand sich (noch) nicht vereinigte und ein
Rohrdickicht noch nicht erzeugt (?) war,
Als die Götter noch Keinen geschaffen,
Einen Namen nicht genannt, ein Schicksal nicht bestimmt hatten,
Da' usw.

Mag also eine Kosmogonie den vorkosmischen Zustand als noch so wüst und undifferenziert schildern wollen, sie kennzeichnet ihn immer nur negativ, durch das Fehlen einer bestimmten, der kosmischen Ordnung, nicht aber durch das Fehlen einer Ordnung schlechthin. Der vorkosmische Zustand ist – eben als Zustand – ,chaotisch' nur gemessen am Kosmos und im Hinblick auf dessen Ordnung."

Und im Zusammenhang seines Resümees schreibt Hönigswald auf S. 183 schließlich:

„Es ist die immanente Tragik der meisten Kosmogonien, dass sie auf die Idee der Bestimmtheit abzielen, um sie doch auch wieder auf ein im Sinne dieser Idee Bestimmtes zu gründen; und es stellt die ebenso großartige wie naive erkenntnistheoretische Leistung der Schöpfungserzählung der Genesis dar, dieser Idee in einem Faktor Gestalt gegeben zu haben, der jene Tragik ausschließt. Der biblische Gott des ,Anfangs' ist in der Tat Bestimmtheit und Bestimmtes zugleich. Aber erst auf dem Hintergrund der anderen Kosmogonien gewinnt die mosaische diese Züge; auf dem Hintergrund, nicht, wie man glauben könnte, in polarem Gegensatz zu ihnen. Denn keines der Grundmotive des biblischen Schöpfungsberichtes fehlt in den anderen gänzlich. Und obzwar keine dieser zur reinen Idee des ,Anfangs' vordringt – die Forderungen, die jene Idee einschließt, scheinen durch die Hülle der einen oder der anderen Konzeption, wir sahen es, immer wieder hindurch. Das soll kein Werturteil begründen, weder zugunsten der hebräischen Kosmogonie, noch auch gegen andere. Es bedeutet nicht mehr als die schlichte Konstatierung einer Tatsache ...“

2. Die Frage nach diesen Prinzipen und Ursache ist verschwommenen oder als Hintergrundgegebenheit von vornherein für den Begriff des Menschen konstitutiv – Prinzip dabei zuletzt in seiner dreifachen Bedeutung, nämlich als (zeitlicher) Anfang, als (irgendwie) Herrschaft und als Bestimmungsgrund genommen. Dieser Vernetzung Rechnung tragend, ist mit Aristoteles (Met. I 2, 982 b 18 f.) gesprochen auch schon der Freund der Mythen in gewisser Weise Philosoph. Welche Einsicht uns Heutige, die wir, was die kosmogonischen und kosmologischen Quellen angeht, den antiken Philosophen nicht weniges voraushaben, nicht nur berechtigt, sondern geradezu verpflichtet, das uns in der jüngsten Zeit neu zugänglich gewordene einschlägige Material für die Klärung der Frage nach den hier thematischen immer schon beiherspielenden ersten Prinzipien und Ursachen mit heranzuziehen.

Und auch in dieser Hinsicht ist, wie Hölschers (1983) Abhandlung „Anaximander und die Anfänge der Philosophie" zeigt, der Boden der Türkei und der umliegenden Gebiete besonders fruchtbar. Denn auf diesem orientalischen Boden – so Hölscher in vorsichtiger Relativierung einschlägiger Aristotelischer Partien bzw. bei seiner die vorliegenden Frage erörternden Betrachtung des geschichtlichen Zeitraums vor Anaximander, d.i. vor dem seiner Ansicht nach ersten Philosophen – ist „die Ursprungsgeschichte [d.i. die Herausstellung der Konzeption des Ursprungs] heimisch" (S. 150). Diese Konzeption bleibe in mythologischer Zeit „noch Fremdling im griechischen Denken", noch „ein gelegentliches Beiwort" (S. 129). „Thales konnte [daher] auf keiner griechischen Überlieferung fußen, als er das Wasser zum Ursprung erhob." (Ebd.) Mit anderen Worten: Die Thaletische Lehre, „dass die Erde auf dem Wasser schwimme, ist zu singulär und der herrschenden Vorstellung im Orient zu ähnlich, als dass wir nicht" des letzteren „Mythen zur Erklärung vergleichen müssten." (Ebd.) Und eben dieser Vergleich zeige, dass die Thaletischen Vorstellungen „– das Wasser als Ursprung, und das Wasser, das die Erde trägt –" in diesen Mythen des „Südostens" schon vorgebildet waren (S. 131). Ja in ihnen sei „von Anfang an [sogar] ein von Hölscher so genanntes spekulatives [die Qualitäten des naturisch-kosmogonischen Urzustandes bedenkendes] Element enthalten, das denen der Griechen" abgehe (S. 130). Und Ähnliches gilt für Hesiods Verhältnis zur hethitischen, churritischen, babylonischen, phönizischen und hebräischen Theo- bzw. Kosmogonie bzw. Genesis, wobei in Hesiods Fall statt Abhängigkeit auch „Urverwandtschaft" (S. 137) vorliegen könne – dies im Hinblick nicht zuletzt auch auf das uns nicht erst seit Kurzem, sondern seit jeher begleitende, heute dank des Computers vermeintlich vielleicht als beherrschbar geltende Chaos gesagt, welches in diesen Mythen zum Teil in einem Zusammenhang steht, der im Unterschied zu dem der Griechen einerseits als deutlich sakral (S. 155) und andererseits als zugleich mythologisch wie auch – und zwar in technisch-praktischer Hinsicht und daher unter Anführungszeichen – als „exakt" (S. 167) anzusehen sei.

Nicht zu übersehen ist in all diesen Zusammenhängen übrigens: „Am Anfang steht nicht das Einfache" (S. 153).

Alle bisherigen Ansprüche vereinigen schließlich auf in spezifischem Sinne mathematisch-philosophischer Ebene in sich, was für die Pythagoreer Prinzip alles Seienden ist: die Zahl nämlich als das schon in der Mathematik der Natur nach Erste (Arist., Met. 1 5, 985 b 23–27). Es sind so für sie „die Elemente der Zahlen Elemente alles Seienden" sowie „der ganze Himmel Harmonie und Zahl" (ebd., 986 a 1–3) – Zahl dabei „sowohl als Stoff für das Seiende wie auch als Bestimmtheiten und Zustände" (ebd. 17, Übers. nach Bonitz) bzw., grundsätzlicher, als „das Wesen von allem" (ebd., 987 a 19) verstanden. Und „als Elemente der Zahl betrachten sie das Gerade und Ungerade, von denen das eine begrenzt sei, das andere unbegrenzt, das Eins aber bestehe aus diesen beiden (denn es sei sowohl gerade als auch ungerade), die Zahl aber aus dem Eins …" (ebd. 986 a 17–2 1, Übers. nach Bonitz) – all dies unter Einbeziehung auch von zehn in Ansehung der Rückführung auf die von ihnen angegebenen Ursachen „nicht bestimmt" charakterisierten, gleichfalls als Prinzipien des Seienden gefassten Gegensatzpaare (ebd. 986 b 3–6).

3. Sehr klar herausgehoben hat dann der von manchen als Pythagoreer jedenfalls im weiteren Sinn angesprochene Platon auch den Zusammenhang Prinzip-Schlussartiges generell im in die zwei Hauptabschnitte des Sichtbaren und Denkbaren sich gliedernden sogenannten Liniengleichnis (vgl. Politeia 509 c ff.). Das Denkbare ist, wie bekannt, auch seinerseits in zwei Abschnitte gegliedert: in einen dem Sichtbaren näherliegenden, die Geometrie und die ihr verwandten Künste umfassenden, als „Verstandesgewissheit" zu bezeichnenden (Zwischen-)Abschnitt (Mathematik ist sonach als Zwischenschritt des Erkennens gefasst), der auf der Rechtfertigung scheinbar nicht bedürfenden explizit oder sogar implizit als solche definierten Hypothesen beruht – z.B. auf der Hypothese des Geraden und Ungeraden und von drei Arten von Winkeln; und darüber hinaus in den dem Sichtbaren fernerliegenden, als „Vernunfteinsicht" zu benennenden höchsten, der dasjenige meint, was die Vernunft unmittelbar

ergreift [oder auch: berührt], indem sie mittels des dialektischen Vermögens Hypothesen macht, nicht als Anfänge, sondern wahrhaft Hypothesen als Einschritt und Anlauf, bis zum Nichthypothetischen an den Anfang von allem gelangend, diesen ergreife [berühre] und so wiederum, sich an alles haltend, was mit diesem zusammenhängt, zum Ende hinabsteige, ohne sich überhaupt irgendeines sinnlich Wahrnehmbaren, sondern nur der Ideen selbst an und für sich dazu zu bedienen, und so am Ende eben zu ihnen, den Ideen gelange". (Übersetzung fast zur Gänze Schleiermacher.)

4. Diese Stelle bzw., dieses Gleichnis wird auch Aristoteles bei seiner eigenen Betrachtung (vgl. zu diesem Begriff ebd., 511 a 6–d 1) oder Behandlung der von Platon hier präzisierten Aufgabe der wissenschaftlichen (ebd. 511 c 5) Herausarbeitung des bewussten Zusammenhangs Prinzip-Schluss bevorzugt vor Augen gehabt haben. Was Beweis ist – siehe oben – und was Schluss (Anal. priora I 1, 24 b 18–20, übers. fast zur Gänze nach Rolfes: „Ein Schluss ist eine Argumentation, bei der, wenn etwas gesetzt wird, etwas von dem Gesetzten Verschiedenes notwendig dadurch folgt, dass jenes [gesetzt] ist."), hat er in wohl unübertrefflicher Genauigkeit ausgesprochen. Dazu gehört, dass er in gleicher Weise auch gesagt hat, was unter Axiom verstanden werden muss, nämlich: „Was das unmittelbare Prinzip eines Schlusses betrifft, so nenne ich These dasjenige, das man nicht herleiten kann und das der, der etwas lernen will" (Der Begriff lernen wird hier im Anschluss vor allem an Platons Menon in dem Sinne verwendet, der die Charakterisierung des Erfahrungs-, Forschungs- und Erkenntnisbegriffs bis in die Kantische Dimensionierung d.i. in die Transzendentalität hinein mitträgt), nicht [von vornherein] innehaben muss; dasjenige dagegen, was jeder, der lernen will, [von vornherein] innehaben muss, [nenne ich] Axiom; es gibt nämlich einiges derartiges und für dies pflegt man diese Bezeichnung vor allem zu verwenden. Was die These anlangt, so [nenne ich] diejenige [Form von Prinzip], die [beliebig] den einen oder den anderen Teil des Widerspruchs – ich meine z.B. etwas sein oder etwas nicht sein – aufnimmt, Hypothese, diejenige, die ohne diese [Setzung arbeitet], Begriffsbestimmung. Denn die Begriffsbestimmung ist zwar eine These; denn der Arithmetiker setzt Einheit als das der Quantität nach Unteilbar- [Ununterscheidbar-] Sein; aber sie [d.i. die Begriffsbestimmung bzw. die Setzung in diesem Beispiel] ist keine Hypothese, denn was Einheit ist und das Einheit-Sein ist nicht dasselbe [= wird in der Begriffsbestimmung oder im Beispiel nicht in einem gesetzt.]

In erster Linie ist an dieser komplexen Stelle also unsere Hauptdisjunktion – Axiom (und damit Prinzip) im Unterschied zu These (und damit zu Hypothese und zu Begriffsbestimmung) – charakterisiert, und zwar, wenngleich fast unmerklich, auch hier vor dem für Aristoteles generell gegebenen Hintergrund, dass „das Seiende, schlechthin ausgesprochen, in vielfachen Bedeutungen gebraucht wird" (Met. VI 2, 1026 a 33, Übers. Bonitz). Die besagte Komplexität schließt also einerseits vor allem den auch schon im Platonischen Liniengleichnis hervortretenden Unterschied von Fachwissenschaft (und sogar von zuhöchst Mathematik) und dem, was (unter erklärtem Einschluss des Widerspruchsprinzips und des Problems des Begriffs der Einheit) darüber hinausgeht, in sich und andererseits – und zwar in diesem Fall mehr in Anschauung dessen, was zum Hintergrund gehört – das (zuletzt ontologische) Dass des Seienden sowie die den so insgesamt in Rede stehenden Zusammenhang mit letztfundierende und -aktivierende Instanz, also laut Anal. post. 11 19 den Nus (als Quelle wohl von „Begriffsbestimmung überhaupt").

Vor allem sind es drei Fragen, die mit Rücksicht auf die hier behandelte Thematik aus diesem komplexen Zusammenhang abschließend noch kurz herauszugreifen sind: die Frage des Hypothetischen, des Widerspruchs und der (mehr nur noch indirekt darin enthaltenen) Seinsweise des Mathematischen.

5. Was also das Hypothetische angeht, so findet man die Disjunktion vor allem auch des platonischen Liniengleichnisses im letztzitierten längeren Aristotelestext fortgeführt und präzisiert: die Hypothese lässt es offen, ob das, was in Rede steht, ist oder nicht ist, daher bleibt dessen Daß allererst noch zu erweisen – wie es ja beim Dreieck (und dies im Unterschied vor allem zur Einheit) bloß notwendig ist vorherzuwissen, „dass es das und das bedeutet" (Anal. post. 11, 71 a 11–17, Übers. Rolfes). „Denn dass jedes Dreieck [in der im Anschluss an Euklid so genannten euklidischen Geometrie] eine Winkelsumme von zwei Rechten hat, weiß man zuvor, dass aber diese [Figur] im Halbkreis da ein Dreieck ist, erkennt man in eins mit dem Erstellen der [gegenständlichen] Epagoge."

Freilich: Weiß man es allgemein, dass das Dreieck als solches eine Winkelsumme von zwei Rechten hat? Wenn ja, woher? Ist es nicht vielmehr nach allem Bisherigen und eo ipso so, dass „Prinzipien in jeder Gattung [also insbesondere: in jeder Wissenschaftsdisziplin] die sind, von denen sich [aus der betreffenden Disziplin heraus] nicht zeigen lässt, dass sie sind [oder gelten]"? Da es in der Tat so ist, ergibt sich: Was „sowohl das Erste als auch was das daraus [Folgende] bedeutet, nimmt man [im Wege einer Hypothesis] an, aber dass es ist, muss man in Ansehung der Prinzipien annehmen, in Ansehung des übrigen nachweisen" – z.B. in Ansehung eben des Dreiecks (Anal. post. 1 10, 76 a 32–36, übers. in Anlehnung an Rolfes.) Dabei ist „von dem, was man in den beweisenden

Wissenschaften [als Prinzipien] benützt, [der eine Teil der jeweiligen Wissenschaft] eigentümlich, [der andere Teil den Wissenschaften] gemeinsam, gemeinsam freilich im Sinne der Analogie, da er ja nur so verwendbar ist, wie er der Gattung der [betreffenden] Wissenschaft untersteht. Eigentümlich ist z.b., dass die Linie so und so beschaffen ist und [so und so] das Gerade, gemeinsam z.b., dass, wird Gleiches von Gleichem abgezogen, Gleiches übrigbleibt."

Und aus anderer Perspektive und noch grundsätzlicher: „Unmöglich und möglich, falsch und wahr gibt es teils von Voraussetzungen her (ich meine etwa: das Dreieck kann unmöglich zwei rechte Winkel haben, wenn x zutrifft, und der Durchmesser unmöglich mit der Peripherie kommensurabel sein, wenn y zutrifft), teils ist etwas schlechthin möglich und unmöglich, falsch und wahr" (De coelo 1 12, 281 b 5–7, Übers. Gigon.)

Dazu schreibt Toth 1974 auf den Seiten XX 20 f., XX/30 f. und XX 36: „Wie ich in anderem Zusammenhang zu zeigen versuchte, sind bereits im Corpus der Aristotelischen Schriften zahlreiche Fragmente zu finden, die ebenfalls solche heute zur nicht-euklidischen Geometrie gehörenden Sätze enthalten. Mit großer Wahrscheinlichkeit lässt sich sagen, dass die historischen Quellen der axiomatischen Forschungen, die diese Sätze produzieren, in dem Mathematikerkreis zu suchen sind, der in der Akademie und in ihrem Umkreis tätig war und vermutlich unter der Führung Eudoxos' stand.

Hier einige solcher Sätze:

die Winkelsumme des Dreiecks ist nicht gleich 2R;

die Winkelsumme des Dreiecks ist entweder gleich 2R, oder größer, oder kleiner als 2R;

wenn das Dreieck sich umwandelt und seine Winkelsumme mit 2R nicht gleich sein wird,

so wird auch das Quadrat sich umwandeln und eine Winkelsumme besitzen, die nicht gleich 4R sein wird;

und wenn die Winkelsumme des Dreiecks größer als 2R, z.B. 3R oder 4R sein wird, so wird in entsprechender Weise auch die Winkelsumme des Vierecks mit 6R oder sogar mit 8R gleich werden;

wenn es unmöglich ist, dass das Dreieck eine Winkelsumme von 2R hat, so ist auch die Diagonale des Quadrates mit seiner Seite kommensurabel; (alle diese Aussagen sind bei Aristoteles zu finden).

Wenn die Winkelsumme des Dreiecks größer als 2R ist, so gelangt man zu dem formalen Widerspruch, dass zwei der Hypothese nach parallele Geraden nicht parallel sind; (Aristoteles, Saccheri)." Usw.

„Wie schon erwähnt, macht die Unabhängigkeit des Parallelenpostulats die Akzeptation eine jeden der vier Fälle theoretisch möglich:

(a) beide Sätze, E und non-E, sind weder wahr noch falsch; (absolute Geometrie Bolyai's);
(b) nur E ist wahr, non-E ist immer falsch; (euklidische Geometrie);
(c) E ist immer falsch, nur non-E ist wahr; (ein solches System wurde von einem Schüler von Gauß, F. L. Wachter effektiv realisiert);
(d) E ist wahr und non-E ist wahr."

„Damit ist ein schwieriges logisches Problem entstanden: wenn die nicht-euklidische Geometrie simultan mit der euklidischen Geometrie akzeptiert wird, so werden auch zwei formal entgegengesetzte Sätze als simultan wahr angenommen. Eine solche Akzeptation steht aber in Widerspruch zu den formalen Gesetzen der Aussagenlogik, allerdings nur dann, wenn die formale Logik zugleich als eine Ontologie (wie in Arist., met, 1061b 34) betrachtet wird, was aber keineswegs zwingend ist. Die simultane Existenz beider entgegengesetzten geometrischen Systeme ist nur mit der ontologischen Interpretation der formalen Logik unvereinbar."

Vgl. auch Toth (1966/1967) S. 252, wo es einleitend heißt: „In der vorliegenden Arbeit werden eine Reihe von geometrischen Beispielen aus dem Corpus aristotelicum analysiert, die von dem Stagiriten eingeführt wurden, um Thesen über Logik, Philosophie und Ethik zu illustrieren. Unter den erwähnten Beispielen befinden sich auch geometrische Sätze besonderer Art, die nur im Rahmen beharrlicher und ziemlich tiefgehender Versuche einer Lösung des Parallelenproblems formuliert worden sein könnten [richtig wohl: können]": Heute figurieren diese Sätze unter den Theoremen der nicht-euklidischen Geometrie.

Siehe dagegen Sexl (1984) S. 217 ff., u.a.: „Noch ungebrochen war dagegen die Macht Euklids, dessen ‚Elemente' durch mehr als zwei Jahrtausende das Denken über Geometrie beherrschten. Mit der ‚allgemeinen Relativitätstheorie' zerstörte Einstein im Jahre 1915 auch diese Bastion wissenschaftlicher Sicherheit, die im Laufe der Geschichte allen anderen Wissenschaften zum Vorbild geworden waren."

Bzw. siehe ebd. S. 218 u.a. immerhin: „Bereits im Altertum erschien jedoch eine der Forderungen Euklids, das fünfte Postulat, nicht so einsichtig wie die anderen."

Mit genannter Separation zuletzt im Hypothetischen verbleibender Wissenschaftsgattungen ist, so auch schon Becker 1966 S. 18, jener „Wendepunkt" Euklid erreicht, mit dem „die enge Beziehung von Mathematik und Philosophie" in der Antike beendigt ist. Denn indem Euklid „die ganze Mathematik auf ein System von Grundannahmen (Postulate und Axiome zurückführt, nach deren weiterer Begründung [wie dargestellt] nicht gefragt wird, die ihm aber doch wohl eine innere Evidenz zu besitzen scheinen, befreit er sich aus der Abhängigkeit von der Philosophie und macht die Mathematik im Grunde bereits zu einem ‚hypothetisch-deduktiven System', wie die Grundlagenforscher des späten 19. Jahrhunderts sagen". Ihre Zuspitzung erfährt diese Entwicklung übrigens schon bei Archimedes, der, so Becker, „die Akzeptierung eines Axioms … durch den Hinweis auf seine Bewährung, also gewissermaßen pragmatistisch," begründe.

6. Demgegenüber lässt sich David Hilberts Unterscheidung zwischen hier auf Bekanntes und Evidentes rekurrierender „inhaltlicher" und dort „formaler Axiomatik", welch Letztere den Nachweis der Widerspruchsfreiheit erforderlich mache (vgl. hierzu D. Hilbert und P. Bemays, Grundlagen der Mathematik 1, 2. Auflage, Berlin/Heidelberg/New York 1968, S. 2) und die möglichst allseitige Erörterung dieser Widerspruchsfreiheit geradezu als Wiederbelebung der seinerzeitigen Platonischen Forschungs-Gemeinschaft Philosophie und Mathematik verstehen.

7. Auf den Versuch, diese Erörterungen im Rückgriff auf das Bisherige bzw. in Erarbeitung des Widerspruchsproblems philosophisch aufzunehmen und sich damit auch der Frage der „Seinsweise" der mathematischen Gegenstände (siehe hierzu Becker 1990, S. 105 ff.) und so letztlich primär der philosophischen Ontologie überhaupt zu stellen, muss jedenfalls für heute verzichtet werden.

5. Zu den Prinzipien Körper/Leib, Seele und Nus (als Vernunft bzw. Geist) (1996)

1. Einleitende Bemerkungen

Die Mannigfaltigkeit der – sei es beispielsweise Kantisch, sei es Aristotelisch aufgefassten – Phänomene bzw. Erfahrung ist das, worin Möglichkeit (und Wirklichkeit) der Suche nach Orientierung und damit der Frage nach den Prinzipien bzw. nach dem Prinzip ursprünglich, also immer schon und so auch heute angesiedelt und zu erörtern sind. Dies Angesiedeltsein und Erörtertwerden versteht sich damit als Prozess, der zugleich historisch und so systematisch wie möglich strukturiert sein wird – und der damit eine Verbindung darstellt, welche, wenn sie eine so komplexe Thematik wie die hier vorliegende in so tiefgründiger Behandlung, wie die Geistesgeschichte sie in unserem gemeinsamen geographischen Raum bisher geliefert hat, betrifft, für unsere einschlägigen eigenen Bemühungen von höchstem Interesse sein muss.

„Die Seele ist nun dies [Prinzip] wodurch wir primär leben wahrnehmen und denken. So ist sie wohl Begriff und Form, nicht jedoch Materie und das Zugrundeliegende." (Aristoteles, De an. 11. 2, 414 a 12–14. Übers. in Anlehnung an Horst Seidl und Olof Gigon). „Begriff", logos –, hat gemäß obiger Übersetzung freilich schon bei Aristoteles eine doppelte Bedeutung – und dies auch schon bei ihm explizit auf beider Einheit hingesehen. Denn, was die Letztere angeht, „ein und dasselbe sagt aus, und wie es aussagt, so denkt es auch und nimmt wahr", (vgl. 111 2, 426 b 21 f., Übersetzung Theiler; und hinsichtlich der doppelten Bedeutung des ‚Begriffs' – eine solche liegt Heintel, a.a.O. 1977, S. 165 ff. und S. 175 ff. zufolge auch bei Hegel und Schelling vor – ist anzumerken: Abgesehen an vorliegender Stelle vom nur für den Bereich des Anorganischen geltenden ‚an sich vorhandenen Begriff', unterscheidet Hegel diesen Seiten 165 ff. zufolge in Betreff des den organischen Bereich charakterisierenden ‚existierenden Begriffs' zwischen einerseits ‚Leben' als ‚unmittelbarem Dasein' und andererseits ‚Geist' als „eigentlich für sich seiendem aus Freiheit existierendem Begriff", welche für die Bestimmung des letzteren Begriffs gebrauchte Wendung ‚für sich' freilich – die in Rede stehende Doppeldeutigkeit bestätigend – auch schon zur Kennzeichnung des vorherigen, d.i. des Begriffs für den Bereich des ‚unmittelbaren Daseins' herangezogen sein kann).

Was auf der einen Seite dabei Prinzip ist, kann man mit Aristoteles (Met. V 1, 1013 a 17–23) allgemein schön – und doch sozusagen vieldeutig genug – dahingehend bestimmen, „dass es ein Erstes ist, von wo [etwas] ist, oder wird oder erkannt wird –, die einen von diesen [Prinzipien] sind i n [dem], die anderen a u ß e r h a l b [dessen, wovon sie Prinzip sind]. Darum ist sowohl die Natur Prinzip als auch das Element und das Denken und der Wille und die und der Zweck; denn bei vielem ist Prinzip des Erkennens und der Bewegung das Gute und das Schöne." So sähen in Hinsicht auf das als Immanenzvorgang aufzufassende Werden im Falle z.B. „der Lebewesen die einen das Herz, die anderen das Gehirn und wieder andere das, worauf sie gerade stoßen", als Prinzip an (ebd., a 4–7). Und was auf der anderen Seite die (erfahrungsweise auftretenden) Phänomene (oder: Erscheinungen) anlangt, so bleiben nach einem alten Wort doch zugleich auch sie es, die „zu retten" sind (vgl. dazu auch Cassirer, a.a.O., S. 345, Anm. 1).

„Alles vernünftige Lehren und Lernen geschieht [so sagt Aristoteles auch zu unserem Zusammenhang am Beginn der Zweiten Analytik] aus einer vorangehenden Erkenntnis" – vorangehend, so darf man diesen Gedanken wohl vereinfachen, in einem doppelten Sinn von erfahren: einerseits (und dies aposteriorisch) in der Weise, dass man dabei von einem gegebenen, für uns ungegliederten Mannigfaltigen ausgeht, und andererseits (und nun apriorisch) derart, dass Letztgenanntes, soll bei seiner Analyse von (sei es ethischer, sei es erkenntnistheoretischer) Verbindlichkeit die Rede sein können, unter entsprechenden letztlich schlechthin geltenden Prinzipien steht.

Diese Doppel- und eine sich in der Entwicklung unserer Thematik darüber hinaus allenfalls einstellende vergleichbar relevante Mehrsinnigkeit sind, soweit sie zu Recht bestehen, zweifellos von höchster systematischer Wichtigkeit. Und zwar sind sie dies in Ansehung unserer Tradition – siehe hierzu Aristoteles in De an. 1 2, 404 a 29–31 – spätestens, seit Homer den ohnmächtig (oder vielleicht schon tot) daliegenden Hektor mit den Worten charakterisierte: „Hektor lag da anders denkend." Denn dort, wo – wie in ähnlicher Weise ja dann sogar bei Anaxagoras, bei Leukipp und Demokrit (und bei wem auch immer, selbst wenn dieser zugleich behauptet, der Nus sei es, der das All bewege) – das phänomenale Sich-(selbst-)Bewegen allein schon die Seele sein soll, indem so das Phänomen selbst in Verkennung des grundlegenden Charakters der Instanz Prinzip bzw. „speziell" unter Weglassung des Nus „als eines bestimmten die Wahrheit betreffenden Vermögens „für das Wahre genommen wird, setzt man (von vornherein und definitiv) Seele und Geist gleich. (Dieselbe Auffassung liege vor, wenn man die Atmungsbewegung mit Leukipp oder Demokrit als Begriffsbestimmung des Lebendigseins versteht, ebd., 404 a 9 f.).

Ein Übersehen (oder Nivellieren) der oben erinnerten Doppel- und Mehrsinnigkeit wäre auch schon dort – und zwar in der Weise, die wohl als größtmögliche zu gelten hat – gegeben, wo alles Seiende als trotz aller seiner sonstigen

Unterschiede unterschiedslos Materielles begriffen würde, welche Verkürzung freilich schon für Thales nicht ohne Einschränkung gilt.

2. Die Entdeckung der Seele durch Platon auf „zweitbester Fahrt"

Soweit die besagte Verkürzung wo auch immer dennoch in Geltung ist, hat erst Platon sie durch das (wirkend-wirkliche und als solches unabdingbare) Prinzip Seele ein für alle Mal zu überwinden vermocht. An zwei seiner grundlegenden Argumentationszüge sei hier erinnert:

Im „Phaidon" (95 e ff. bzw. 97 b ff.) beklagt sich der zum Tode verurteilte und der Vollstreckung des Urteilsspruchs entgegengehende Sokrates an seinem Todestag in bewegten Worten darüber, dass sich unter den Bisherigen – vor allem die Naturforscher (96 a) und auch Anaxagoras, der, wenngleich mehr nur verbal, zu guter Letzt endlich den Nus ins Treffen geführt hatte, mit eingeschlossen – niemand finden lasse, der die „wahren Ursachen" dafür anzugeben imstande gewesen sei, dass er, Sokrates, statt nach Megara oder zu den Böotiern zu flüchten, hier im Gefängnis sitze und der Urteilsvollziehung entgegengehe: denn die Ursache bestehe ja nicht bloß darin, dass sein „Leib aus Knochen und besteht und die Knochen dicht und durch Gelenke voneinander geschieden, die Sehnen aber so eingerichtet sind, dass sie angezogen und nachgelassen werden können und dass sie die Knochen samt Fleisch und Haut, die diese einschließt, rings umgeben", sondern sie besteht, wenn in Hinsicht auf die in Rede stehende Situation von besserer oder schlechterer bzw. von gerechterer und schönerer Ordnensinstanz (vgl. 97 c 4) soll gesprochen werden dürfen, doch offensichtlich in der entsprechenden Entscheidung oder Wahl (99 b) einerseits der Athener und andererseits eben des Sokrates. Welches freilich eine Einsicht ist, die das voraussetzt, was in Hinsicht auf die dabei verlangte „Erforschung der Ursache" Platon als „die zweitbeste Fahrt" bezeichnet – jene philosophiehistorisch höchst bedeutsame erste „kopernikanische Wende" nämlich, die unsere Anfangsfrage nach dem Prinzip oder „der Wahrheit des Seienden" nicht durch ein Verharren im in sich gleichbleibend Ontischen, d.i. zuletzt im Körperlichen bzw. in der (einseitigen) Ausrichtung auf dieses zu beantworten bemüht ist, sondern primär durch die Gegenrichtung dazu, die darin besteht, dass sie in den Begriffen = Gedanken ihre Zuflucht sucht und erst so eine bewusst den Logos mobilisierende, also ontologische Erklärung (im eigentlichen Sinne des Grundworts -logie) leistet. (Siehe hierzu des weiteren besonders 100 a 1–7.)

Und im „Sophistes" sowie „Theätet" erfolgt jene angesprochene Überwindung nicht nur unter Bemühung des Begriffs des Nus, sondern schon des „für uns ja früheren und bekannteren" Begriffs der Seele – im erstgenannten Dialog ähnlich wie im hier vorliegenden Zusammenhang zur möglichst scharfen Problematisierung des (oder eines) überkommenen, im Extremfall bloß einsinnig gefassten Seinsbegriffs im Wege des berühmten Gedankens der Gigantomachie: im Wege also derjenigen vermeintlich vollständig disjunktiven Entgegensetzung, in die die (sei es individuelle, sei es allgemeine) Erkenntnisaufgabe gleich von vornherein getrennt erscheinen kann. (Sophistes 244 b ff.) Soweit in der Erörterung dieser Lagerbildung bei denen, die das „wahre Wesen" (246 b) in das körperliche Phänomen und mit diesem bloß ins Werden setzen, nicht von einer versteinerten Position selbstidenter Absolutsetzung auszugehen ist, können solche zu einem Teil diskussionsoffen gewordene schon im Mythos gegebene „Ausgesäte und Erdgeborene" (247 c) einen Unterschied zwischen Generellem und Besonderem, d.i. Beseeltem, Körperlichen und sogar, wie z.B. angesichts der das Seelische voraussetzenden Gerechtigkeit, Nicht-mehr-Körperlichen machen – all dies freilich nicht bis zu dem Punkt hin, mit dem die Gegenseite, also die (noch nicht durch die Dialektik geläuterten) Ideenfreunde, einsetzt, die sich als solche bemerkenswerterweise weniger beweglich als ihre, wenngleich bloß minimal diskussionszugänglich gesetzten Kontrahenten verhalten: Letztere gehen in ihrer Diskussionsbereitschaft zusammenfassend gesagt ja so weit, dass sie „ein Erleiden oder eine Einwirkung aufgrund einer Kraft" (248 b) der so gesehen also irgendwie miteinander in Kontakt geratenen Seiten des in der Gigantomachie in Rede stehenden Unterschieds konzedieren, wogegen die besagten Ideenfreunde auf einem solch einen Kontakt bestreitenden Getrenntsein von Werden und bestehen und doch gleichzeitig sagen, dass wir „mit dem Leib durch die Wahrnehmung Gemeinschaft haben am Werden, dagegen durch das Denken mit der Seele zum wahrhaften Wesen hin" (248 a.). Worin dies Gemeinschaft-Haben jedoch bestehen soll, das vermögen diese (vordialektischen) Ideenfreunde so freilich nicht anzugeben.

Letztere Aufgabe löst den Hauptzügen nach bereits der Dialog „Theätet". Dort (184 b ff.) untersuchen Sokrates und mit ihm der junge Theaitetos im Kontext der sie beschäftigenden allgemeineren Frage nach der Erkenntnis das Phänomen der Wahrnehmung und stellen fest, dass es – ähnlich wie im Fall des Ausgehens von bloß ontisch Gegenständlichem – „arg wäre", wenn die z.B. optischen und akustischen „mancherlei Wahrnehmungen wie im hölzernen Pferd in uns nebeneinanderlägen und nicht alle in irgendeiner einheitlichen Form, sei es nun in der Seele oder wie auch immer man sie [– diese Form –] nennen sollte, zusammenliefen, mit der wir dann vermittels jener sozusagen Werkzeuge wahrnehmen, was immer wahrnehmbar ist"; denn mit der hier nötigen „Spitzfindigkeit" formuliert, sagt man exakt eben nicht, dass man mit den (dem Leib zuzuzählenden) Sinnesorganen wahrnimmt, sondern sagt, dass man es vermittels ihrer tut – das Letztere so, dass dabei für spezifische Wahrnehmungen je spezifische Sinnesorgane zuständig sind, das Erstere, sich der Präposition m i t bedienende dagegen so, dass zur Zusammenfassung und vor allem zur wahrheitsgemäßen Prädikation in deren Differenzierung nach Sein und Nichtsein, Ähnlichkeit und Unähnlichkeit usw. (185 c) ein weiteres Prinzip notwendig ist, das das Gemeinschaftliche der diversen Wahrnehmungen und schließlich geradezu Wesenheit und so Wahrheit (186 c) denkend (185 a f.) erfasst und das man mit Platon treffend Seele (und in seiner entwickelten Form Nus) nennt. Methodisch gesehen übrigens „lege ich" – so nochmals Platon im „Phaidon" (siehe 100 a) – auf dieser „zweitbesten Fahrt" „jedesmal den Gedanken zugrunde, den ich für den stärksten halte, und setze, was mir mit diesem übereinzustimmen scheint, als wahr – es mag nun von Ursache oder von was auch immer sonst die Rede sein –, was aber nicht, als nicht wahr."

Womit sich unter Heranziehung der mehr bloß wahrscheinlichen, weil der Etymologie zugehörigen, einschlägigen Belege hier zusammenfassend geradezu sagen lässt, dass der schon weiter oben zur Aufweichung der Scheingrenze der Gigantomachie ins Spiel gekommene Hebel Möglichkeit (oder Ermöglichung) sehr gut generell gefasst als das zu verstehen ist, was „das Sein leitet und hält". (vgl. hierzu den Dialog „Kratylos" 400 b). Wird doch – sofern man hier nochmals mit der einem etymologischen Ausdruck gebührenden Zurückhaltung reden darf – im Unterschied zu den anderen „Tieren" die „von dem, was sie sehen, nichts überdenken oder erwägen oder forschend betrachten", nur der Mensch unter den „Tieren" „mit Recht ‚Mensch' genannt, weil [nur] er, was er gesehen hat, forschend betrachtet" (Kratylos 339 c). Im Ergebnis gleich ist die Argumentation des Theätet 186 b f.).

3. Im Anschluss hieran Aristoteles vor allem als Naturforscher

Was Aristoteles vor allem in Hinsicht auf „De anima" angeht, so schließt er sich, grob gesprochen, an die hier dargelegte Platonische Vorgabe unter systematischer Aufarbeitung auch der früheren Denker an, indem er seine eigenen, primär als Naturforscher betriebenen vertiefenden und weiterführenden Bemühungen wohl vor allem auf die zumindest bis in unsere Tage hinein gültige akribische Analyse der Wahrnehmung sowie knapper der Vorstellung und Vermutung und in einem komprimierten zentralen Bereich auf die trotzdem klare und seither unübergehbare Hervorhebung einerseits der Eigenständigkeit und andererseits der Besonderheit des Nus konzentriert – von zwei komplementären Bestimmungen des Nus somit, die nicht ohne eine gewisse Zwiespältigkeit erscheinen.

Diese kündigt sich, wie sich im Weiteren herausstellt, schon in der im übrigen so eindrucksvollen Charakterisierung der Seele als „vorläufige [Form oder genauer] Erfüllung des natürlichen Körpers, welcher der nach Leben besitzt", an – Erfüllung dabei nicht „wie das Betrachten", sondern „wie das Wissen", das beim selben Wesen „der Entstehung nach früher" als das Betrachten ist, verstanden und Leben auch als Vorankündigung der Nichtbeweisbarkeit dessen, was Seele und zuletzt Nus ist, aufgefasst bzw. beide, Erfüllung wie Leben, als Begriffe gesehen, die das Problem der Unterscheidung von a posteriori versus a priori sei es beim Menschen als solchem, sei es beim menschlichen Individuum mit implizieren (De an. II 1, 412 a 22–28).

Mit der angegebenen Charakterisierung ist jedenfalls „in allgemeiner Weise ausgesprochen, was die Seele ist: eine Wesenheit im begrifflichen Sinn". Diese ist das eigentliche Sein für einen so und so beschaffenen Körper; etwa wie wenn ein Werkzeug, z.B. ein Beil, ein natürlicher Körper wäre. Dann wäre das Beil-Sein [oder mit Gohlke: der Beilbegriff] seine Wesenheit, eben dies wäre die Seele. Denn wenn diese abgetrennt wäre, wäre es nicht mehr ein Beil außer dem Namen nach. Im Unterschied zu dem Beispiel Beil freilich ist der natürliche Körper ein solcher, „der das Prinzip der Bewegung und Ruhe in sich selbst hat" (ebd., 412 b 10–17).

Die so charakterisierte Seele ist also vom Körper ungetrennt. Was demgegenüber jedoch denjenigen ihrer Teile anlangt, mit dem sie „erkennt und denkt" (vgl. den Beginn von De an. III 4), „den sogenannten Nus der Seele" nämlich, so hat er „keine andere Natur als die, dass er vermögend ist" (ebd., 429 a 21 f.). Als Denkseele also, d.i. als „Ort der Formen" ist er so die letzteren der Ermöglichung, nicht der Wirklichkeit nach und im Unterschied zum (als solchem stets strukturierten) „Wahrgenommenen" (ebd. b 5) vom Körper getrennt oder in Relation zu diesem „von außen" (wie es in De gen. anim. II 3, 736 b 27 f. heißt). Er ist dies als, wie bemerkt, vermögender und doch auch zugleich „seinem Wesen nach Energeia seiender" (De an. III 4, 430 a 18) in der damit höchsten Differenzierung so, dass er – wohl der Kürze und auch der Schwierigkeit des Erfassens wegen von Aristoteles im Vergleich gesagt – einerseits, d.i. „bevor er denkt", als Nus pathetikos (vgl. ebd. 430 a 24) „der Möglichkeit nach so ist wie eine Schreibtafel, auf der nichts in Wirklichkeit geschrieben steht" (ebd., 429 b 31 f.), und dass er andererseits, und dies wohl sogar mehr, als Nus poietikos (vgl. ebd. 430 a 12) „so etwas wie ein In-Verfügbarkeit-Haben ist, beispielsweise wie das Licht; denn auch das Licht macht in gewisser Weise die möglichen Farben zu wirklichen Farben … Immer ist ja das Wirkende von höherem Rang als das Leidende [d.i. als das Bewirkte] und [immer ist – jenes durchaus sinngemäß mit Anfang und dieses mit

Folge gleichgesetzt] das Prinzip [von höherem Rang] als die [somit weniger oder überhaupt nicht als Prinzip anzusehende] Materie" (ebd., 430 a 15–19).

(Der Zwiespalt also, dass die Seele – in der Nachfolge auch von Platons Konzeption der Weltseele – als einheitliches Phänomen und mehr noch als ebensolches Prinzip auf der einen Seite nichts, auch den Körper nicht, außer sich hat und dass auf der anderen Seite die Denkseele oder der Nus dennoch von außen kommt, bleibt so fortgesetzt bestehen, und zwar auch in der Entwicklung der folgenden weiteren Gedankengänge.)

Der so differenzierte – und, wie gesagt, als poietikos abgetrennte – Nus hat, sofern die Seele mit Recht als das verstanden werden muss, was „in gewisser Weise die gesamte Wirklichkeit ist" (ebd. 431 b 21), am sozusagen konträren Pol des nach den bisherigen Überlegungen zugleich mit ihm in Rede befindlichen seelischen Zusammenhanges das zur (werkzeuglichen) Folge oder – vorsichtiger – zur Entsprechung, was etwa als Ernährungsseele anzusehen ist: in sie findet sich die körperlich-seelische Lebendigkeit dort zurückgenommen, wo es, von der Zeugungsfähigkeit abgesehen, um ein Sich-Ernähren geht, um einen ortsfesten Wahrnehmungsprozess also (siehe dazu ebd. 9, 432 a 29 und b 19–21), der in seiner einfachsten Form als bloßer Tastsinn lebendig sein kann; dieser allein nämlich vermag, „wie es scheint", die Berührung oder Ertastung der Sinnesgegenstände „durch sich selbst" wahrzunehmen, ist er doch „sozusagen die [körperidente] Mitte von allem Tastbaren" selbst (Über die Selbstwahrnehmung aufgrund der doppelten Bedeutung von Wahrnehmen siehe III 2, 425 b 12–25), die Mitte jedenfalls von all dem, was Element ist. Daher kann er „nicht nur die Unterschiede der Erde [– wie gesagt, in hohem Grad unvermittelt –] aufnehmen, sondern auch die des Warmen und Kalten und alles anderen [wohl auch im weiteren Sinne] Tastbaren" (vgl. ebd. 13, besonders 435 a 19–24.) Womit dem Bisherigen zufolge übrigens auch gesagt ist, dass, fiele als die sozusagen unterste der „Erfassensformen", die wenn auch noch so bescheidene Ernährung und vor allem die Tastempfindung fort, mit dem (schon durch Thales und in anderer Weise durch Leukipp bzw. Demokrit weitgehend überwundenen rein abstraktiven) nur Körperlichen oder Leblosen bloß noch das auch im weiteren Sinne Begriffslose übrig wäre.

Statt den so in Rede stehenden Gesamtzusammenhang Seele als – wie es oben geschieht – von zwei Polen eingefasstes und in Zwischenbereiche zu untergliederndes Kontinuum aufzufassen, redet man, um den Charakter der grundsätzlichen Ganzheit und in gewisser Weise auch Nachrangigkeit der in diesem Gesamtzusammenhang verknüpften Wirklichkeitsteile oder vielmehr -momente mitzubedenken, in dieser Hinsicht mit Aristoteles besser von einem Kreis, dessen Begriff ja in der ursprünglichen Verbindung einerseits desjenigen Moments besteht, das stillsteht – des Kreismittelpunkts also –, und andererseits dessen, was von diesem her als Erstellen der Peripherie Anfang und Form seiner Bewegung nimmt (ebd. 10, 433 b 26 f.). Bzw. man redet mit Rücksicht auf die dritte mit in Betracht zu ziehende Dimension im Anschluss an Parmenides besser von einer Kugel.

Diese grundlegende Zwei- bzw. Dreiseitigkeit miterwogen, ist der für die adäquate Charakterisierung der Seele zentrale Bereich des Praktischen – derjenige also, für den die Ortsbewegung des Lebewesens (ebd. 9, 432 b 8) mit konstitutiv ist und der beim Menschen als Handeln bezeichnet wird – nach Durchsicht aller für die Strukturierung dieser Sphäre infrage kommenden Differenzierungen zusammenfassend durch die die Letzteren in sich aufhebenden beiden Instanzen Streben und Vernunft – genauer: Streben und praktisches Denken (ebd. 10, 433 a 18) – zu bestimmen (ebd. a 9 und 13 ff.). Zusammen bewegen beide, wie different sie auch sind, nach einer – d.i. nach einer einheitlichen – Form (ebd., a 22), die, vereinfacht gesagt, wohl je nachdem, ob sie mehr dem Denken und der Überlegung oder z.B. mehr der Begierde folgt, mehr als Wille oder eben etwa mehr als Begierde anzusehen ist (vgl. unter anderem ebd. a 18–26 und b 2–8). Die hierhergehörigen, in den Raum der Praxis und damit auch der Ethik fallenden Bestrebungen sind jedenfalls auch deshalb oft weniger vernunftbestimmt, weil sie ja bei Wesen vorkommen, die das Bewusstsein der Zeit haben (und die in Betreff der Differenz des auf Zukunft gerichteten Nus und der auf das gegenwärtig Angenehme abzielenden Begierde daher Letzteres vorzuziehen vermögen, statt dass sie dem Allgemeinen den Vorrang geben vor dem Einzelfall. Das Allgemeine ist ja das, was „eher in Ruhe bleibt", und so beschaffen ist das Moment oder Prinzip, worum vor allem es hier durchgehend zu tun ist (vgl. ebd. b 6–10 und 11, 434 a 16–21); und dabei gilt übrigens, wie sich aus anderen Zusammenhängen dartun ließe: „Von Natur aus hat stets das höhere [Prinzip] mehr Macht und [dieses ist das, was] bewegt" (ebd. a 14 f.).

Diese uns im ganzen ja nicht unbekannten, an ihrem höchsten Punkt selbst den Einsichtigsten nicht voll „erinnerlichen" (ebd. 5, 430 a 24) und daher wohl auch von Aristoteles selbst nicht als restlos durchsichtig gemachten beanspruchten Zusammenhängen stellen ähnlich wie z.B. schon die Schriften des Organons einen vor allem epagogischen Argumentationsprozess dar, der, was seine weithin analogische Schlüssigkeit angeht, aus verständlichen Gründen hier nicht ins Detailliertere hinein vorgeführt bzw. überprüft werden kann. Sie sind trotz ihres strengen Allgemeincharakters durchwegs erstaunlich konkret, in vieler Hinsicht phänomennah und damit anschaulich. Und sie entwickeln solcherart so differenziert wie möglich das, was sie als die in gewisser Weise die Gesamtheit der

Dinge repräsentierende Seele zugleich selbst sind: diejenige sich in bestimmten Inhalten vermittelnde Bewegung, die am besagten höchsten Punkt ihren „von uns" nicht völlig fassbaren alles durchwirkenden bewegend-unbewegten „von außen" eingreifenden eigenständigen Nus-Grund hat.

Sollte jener oben konstatierte Zwiespalt nach allem Bisherigen somit etwa gar kein solcher sein, sondern vor allem hinsichtlich seiner zweiten Seite, also derjenigen des Nus poietikos, konsequenterweise vielmehr nichts anderes darstellen als das, was später schärfer und zum Teil freilich radikaler die Transzendentalphilosophie als Grund und Spitze ihrer eigenen Lehre vertreten hat?

4. Sich vom Bisherigen betont abheben wollende Ansätze

Fasst man die Philosophiegeschichte in ihrer Gesamtheit ins Auge, so sieht man als deren größte Zäsur vielfach Descartes an (wenngleich dieser das, wofür er gewöhnlich steht, mehr bloß eingeleitet hat): vor ihm, so heißt es in dieser Hinsicht, sei die Philosophie Ontologie gewesen, durch ihn sei sie Transzendentalphilosophie. Zutreffend ist es demgegenüber jedoch eher, sowohl die erste als auch die zweite Charakterisierung durch ein „primär" abzuschwächen, wenn nicht (aufgrund einer eingehenderen Betrachtung von Aristoteles, aber auch schon von Platon) eine noch stärkere Abschwächung solch einer Entgegensetzung erforderlich ist. Doch mag es hingehen, von einer solchen Zäsur zu reden, wenn damit die wirklichen oder vermeintlichen Schwierigkeiten oder Mängel, die der antiken Philosophie zur Last gelegt werden könnten, besser beurteilbar sind.

Es seien zu diesem Belang in zwei kurzen Punkten und zum theorein zugleich zusammenfassend in einem abschließenden Punkt noch einige Sätze ergänzend angefügt.

5. Was den genannten Belang angeht, kann man Heinz Heimsoeths Werk „Die sechs großen Themen der abendländischen Metaphysik und der Ausgang des Mittelalters" gut als Beleg heranziehen. Denn einerseits stellt schon die das dritte der besagten großen Themen charakterisierende disjunktive Titelfassung „Seele und Außenwelt" eine solche Primärspaltung des behandelten Themas vor, welche es mit Recht nach Platon und Aristoteles allererst zu vermeiden gilt. Und andererseits ist Heimsoeths Behandlung dieses seines dritten Themas insgesamt als eine sich (im Übrigen nicht als einzige) von der hier vorgelegten Platonischen und vor allem Aristotelischen Auffassung absetzende Entwicklung gefasst, die sich grob so charakterisieren lässt, dass ihr „im Altertum [gelegener Beginn] das Seelensein [als ein] möglichst der Objektivität" Angeglichenes versteht (S. 121),

dass im Weiteren – nach gewaltigem Ringen in Auseinandersetzung mit den anderen Denkern der Geistesgeschichte selbstverständlich – später Descartes seinen strikt dualistischen Weg als den richtigen vorlegt und dass erst Fichte zu demjenigen zugespitzten Subjekts- oder Ich-Begriff gelangt, demzufolge „die Dinge und die ganze Körperwelt um uns … [nichts anderes sind als] unsere eigenen Erscheinungsprodukte" (S. 127).

6. Diese Zuspitzung, die – in einer gewissen Anknüpfung auch an Augustinus – das Wollen bzw. die Freiheit zum exklusiven Zentrum alles Wirklichen macht, bedeutet näher besehen aber schon eine Überspitzung unserer Thematik und der Wirklichkeitsauffassung insgesamt, wie auch schon Schelling in der im vorliegenden Zusammenhang speziell relevanten zwanzigsten Vorlesung seiner „Einleitung in die Philosophie der Mythologie" trotz seiner einzigartigen Hochschätzung für die allenfalls sozusagen nur in Millennien zu messende Leistung Fichtes (S. 647) bzw. trotz seiner ihrerseits überzogenen Auffassung, wonach „der Idealismus … [nicht der Antike angehöre, sondern] ganz der neuen Welt" (S. 649), festhält.

Denn „der bloße Wille des Menschen ist blind und muss in Verstand umgewandelt werden" (S. 666) – also in durch den Fortschritt des Denkens in der Geschichte geläuterten vorausgesetzten Nus wiederum?

7. Zusammenfassung

Zur Vollendungsgestalt unserer Existenz „zur Theoria kommt [dasjenige], was über das Wissen [auch: über die Wissenschaft] verfügt" sagt Aristoteles in De an. II 5, 417 b 5 f., also in dem Zwischenkapitel, wo die beiden Schlüsselbegriffe aus der Begriffsbestimmung der Seele, Möglichkeit (auch Vermögen) und Erfüllung im Hinblick auf das immer deutlicher werdende Hervortreten des Nus näher charakterisiert werden. Und er erläutert diesen Gedanken in Verbindung mit dem Faktum der Wahrnehmung im Kontext zur angegebenen Stelle – aus unserer Perspektive gesehen sowohl zurück- als auch vorausblickend – in anschaulicher Form unter anderem wie folgt (417 b 19–27): „Die wirkliche Betätigung [beim Wahrnehmungsprozess] ist mit dem Betrachten zu vergleichen; der Unterschied ist jedoch der, dass das, was die Betätigung [des Wahrnehmens] hervorruft, von außen kommt – das Sichtbare und das Hörbare, und so auch bei den übrigen Sinnesorganen. Das kommt daher, dass die in wirklicher Betätigung befindliche Wahrnehmung dem Einzelnen gilt, das Wissen dagegen dem Allgemeinen; dieses befindet sich in gewisser Weise in der Seele selbst. Deshalb liegt das Denken im Fall, dass man [denken] will, bei einem selbst, das Wahrnehmen dagegen liegt nicht bei einem selbst; denn das Wahrnehmbare muss vorhanden sein. Ebenso verhält es sich bei den Wissenschaften von den Sinnesgegenständen, und [zwar] aus demselben Grund."

Konzentrieren wir uns in Hinsicht auf dieses Zitat auf den von Aristoteles darin angestellten Vergleich und in diesem auf die Wendung „von außen", die „außen" als das jeweilige materielle Wahrnehmbare in Relation zur von diesem hervorgerufenen „wirklichen Betätigen" der Seele versteht, und erinnern wir uns andererseits an den (das Prinzip des Wissens repräsentierenden) Nus, der laut De gen. anim. II 3, 736 b 21 ff. in das an letzterer berühmter Stelle in Rede stehende tierisch materiell-seelische Ganze seinerseits „von außen hinzuhineinkommt."

Dies unterschiedliche, (zumindest) zweifache „Von-Außen" bedeutet – so darf hier in Kürze und zugleich in einer gewissen Vorläufigkeit abschließend wohl mit Aristoteles selbst gesagt werden, letztlich jedoch keinen unaufgelöst bleibenden Zwiespalt, sondern eine spannungsgeladene Relationalität und in dieser zugleich Eigenständigkeit der Teile von solcher Art, die vor allem von der Seite des Nus her ihr Maß empfängt bzw. von dieser in für uns möglichst ursprünglicher Poiese (zuhöchst des Nus poietikos) ihre begrifflich-inhaltliche, in der Geistes-Geschichte fortgesetzt weiter zu erarbeitende Bestimmung erfährt.

6. Bewegung und Ruhe oder Dialektik und Beweis Eine Reise als Theoria (1998)

1. Einleitung

Mit dem Stichwort Reise oder auch mit Wanderung und Fahrt – im Weiteren auch mit Weg und auch mit Ziel und mit ihnen andeutungsweise auch schon mit Methode – ist eine Aktivität angesprochen, die den Menschen von Grund aus speziell charakterisiert, ist er, was seine friedlichen Unternehmungen angeht, historisch gesehen doch sozusagen immer schon zunächst auf Wanderung, später – vor allem im und ab dem Mittelalter – insbesondere in Zentraleuropa „auf Fahrt", dann immer mehr auf Reisen und neuerdings zumeist als Tourist unterwegs und all dies (auch soziologisch, politisch usw. betrachtbar) als derselbe immer zugleich auch als ein (schon örtlich) anderer, Und mit jenen Stichworten geht es zentral auch schon um die Aktivität, die Leben insgesamt ist und die, als Bewegung genommen, auch das Nichtlebendige mitumfasst, sodass man Letztere heraklitisch dadurch treffend allgemein charakterisieren kann, dass man sagt, alles fließt – alles mit Ausnahme des Logos selbst.

2. Heraklit und Parmenides

In der Tat ist dies Problem allgemeinen Fließens versus Bestehenbleibens oder Ruhens offenbar weder als vollständige Disjunktion dieser Gegensätzlichkeit aufzufassen noch in eine ohne Weiteres ineinander übergehende Verbindung beider Seiten aufzulösen. Leicht und vordergründig wäre das Fließen als Fließen von Erscheinungen (Phänomenen) zu verstehen, wie es zunächst vorrangig schon mythologisch und dann teils ja auch philosophisch gesehen wurde, schwer ist die Frage nach dem zugrundeliegenden Prinzip – nach den zugrundeliegenden Prinzipien – zu beantworten bzw., mit Hegel (oder auch mit E. Heintel) zu sprechen, die Erscheinung als Erscheinung von (und in zusätzlichem Sinn auch als Erscheinung für) zu fassen, welches Prinzip – welche Prinzipien – jedoch notwendig ist bzw. sind, wenn der Weg nicht auch schon das Ziel zu bleiben hat. Und schwer ist somit die oben angesprochene Verbindung so zu bewältigen, dass durch sie eine Identifikation und mit Letzterer auch eine Differenzierung, etwa gar, nochmals mit Hegel zu sprechen, in der (beide Seiten zuletzt miteinander „versöhnenden") Weise der „Identität der Identität und Nichtidentität" gesetzt ist – dies in einer Form, die auch den Inhalt mit einschließt.

Erscheinung von etwas soll verstanden werden als Verweis auf das, was den Erscheinungen als Seiendes zugrunde liegt, wobei die erste Bezugsebene für Letzteres – siehe auch die Geschichte der Philosophie – die ontische, die zweite die ontologische Ebene sein wird, und Erscheinung für begriffen als Erscheinung für ein bzw. das Subjekt – begriffen also in transzendentalphilosophischem Sinn. Siehe hierzu E, Heintel in 1986 S. 76 f. und S. 85. Auf der erstangegebenen Seite liest man: „In dem Wort Erscheinung ist grundsätzlich immer ausgesagt, dass in ihm etwas für jemanden erscheint".

Dass bei all dem der Problemkomplex, der in heutiger Terminologie als der erkenntnistheoretische verstanden wird und laut Hans Albert – siehe seinen Terminus „Münchhausentrilemma" – notwendig im logischen Zirkel, im unendlichen Regress, oder als dogmatischer Abbruch des Verfahrens strandet, spätestens seit Platon und Aristoteles klar gesehen und in der uns vorliegenden Thematik ohnedies eo ipso mitenthalten und mit zu erörtern ist, mag in unserem Kreis übrigens für zugestanden angesehen sein.

Jene obige Frage nach dem Prinzip – nach den Prinzipien – so zu erörtern, dass eine Lösung im Sinne der gleichfalls oben angesprochenen Weise von Verbindung statthaben kann, muss und wird zentrale Aufgabe unserer weiteren Überlegungen sein. Diese Aufgabe ist somit zugleich als eine solche anzusehen, der es um die Beweisförmigkeit derjenigen Bewegung (oder geistigen Reise) geht, die unser Denkprozess immer schon ist.

3. Präzisierung der Aufgabe

Dieser Prozess, diese Reise, diese Bewegung basiert – so darf man vor allem Aristoteles verstehen – zumindest mit auf dem, was Satz bzw. Prinzip des (verbotenen) Widerspruchs ist. Je nach der Funktion, die Letzterer im Prozess des dialektischen Beweisens einnimmt, ist (wie im Falle von Hegel und weitgehend auch von Platon) bei einer zur Debatte stehenden Systematik einfachhin von Dialektik oder (wie vor allem im Falle von Aristoteles) von mitinkludierter dialektischer Bewegung zu sprechen. Dabei kann dieser Beweisprozess vor allem entweder (mit Platon) durch ein „Jenseits der Usia" d.h. durch die lebendige Spitze, die die Idee des Guten ist, letztlich noch zu überhöhen oder (mit Aristoteles) als durch den Menschen prinzipiell nicht vollendbar oder (mit Hegel) als durch den Menschen, d.i. durch dessen Vernunft, im Prinzip vollendbar angesehen werden. Sodass die Verähnlichung des Menschen mit Gott oder mit dem Absoluten, soweit sie reichen kann – mit Platon und bei Aristoteles als eine nicht abschließbare und bei Hegel als eine im Prinzip lösbare bzw. jedenfalls durch ihn sogar gelöste Untersuchung zu gelten vermag.

Dem so skizzierten Aufriss unserer Aufgabe ist (der Kürze halber unter bloß gelegentlichem Einbezug Platons) hier im Weiteren zunächst bei Aristoteles und dann bei Hegel nachzugehen.

4. Ad Aristoteles

Die Fundierung und Formierung des Begründungs- und Erkenntnisprozesses als eines einheitlichen Beweisvorgangs hat, wie sich zeigen lässt, mit Aristoteles ein auch heute noch kaum übertroffenes Strukturierungs- und Entwicklungsganzes erbracht. Dieser Beweisprozess – diese im „Organon" zusammengefasste logisch-erkenntnistheoretisch-dialektische Grundlegungsbewegung – ist, so durfte ich an dieser Universität auch schon bei früheren Gelegenheiten ausführen, treffend als ein Spannungszusammenhang zu beschreiben, der durch die Doppelseitigkeit eines Früher-und-bekannter-für-Uns und eines Früher-und-bekannter-von-Natur-Aus oder -Schlechthin zentral gekennzeichnet ist – durch Verflechtungen also, die in ihrer komparativen Ausdrucksform einerseits jeweils in sich selbst und andererseits im Bezug zueinander und gemeinsam über sich hinaus auf ein Manko verweisen: das Manko einerseits, das zunächst erst bloß wahrnehmendem, und das Manko andererseits, das des Weiteren erst bloß diskursivem Erfassen durchgehend zukommt, auf ein Manko insgesamt, das erst und nur durch eine Instanz wirklich zu beheben ist, die Platon „anhypoteton" nennt und die er, wie bekannt, letztlich als Idee des Guten verstanden hat. Dies Platonische „anhypoteton" kehrt bei Aristoteles als „arche anhypotetos" wieder, konkret als Prinzip (Satz) des (verbotenen) Widerspruchs – welches Prinzip aber letztlich kein bloß logisches oder gar nur formallogisches ist, wie oft angenommen wird, sondern welches ein geradezu ontologisch-transzendentales und damit ein erst im Rahmen seiner eigenen und der ihr folgenden Metaphysik näher zu erörterndes und abschließend zu klärendes ist.

Zu Beginn von „Metaphysik" XI 5, d.i. in 1061 b 34–1062 a 2 charakterisiert er dieses Prinzip so: „Es gibt für das Seiende ein Prinzip, über welches man sich nie täuschen kam, sondern bei dem immer das Gegenteil, ich meine die Wahrheit stattfinden muss, nämlich der Satz: es ist nicht möglich, dass dasselbe zu einer und derselben Zeit sei und nicht sei, und was noch sonst in dieser Weise einander entgegengesetzt ist." Und in IV 3, 1005 b 19–23 sagt er: „Dass nämlich dasselbe demselben in derselben Beziehung (und dazu mögen noch die anderen näheren Bestimmungen hinzugefügt sein, mit denen wir logischen Einwürfen ausweichen) unmöglich zugleich zukommen und nicht zukommen kann, das ist das sicherste unter allen Prinzipien."

Was primär dessen logisch-erkenntnistheoretische und schon als solche auch inhaltliche Seite anlangt, so entwickelt sie sich als eine in den oben genannten Früher-bekannter-Doppelbezug von vornherein mit eingespannte, fürs erste – siehe die „Topik" – im Bereich des sogenannten Wahrscheinlichen oder Anerkannte ansetzende, durchwegs zugleich dialektische Bewegung, die sich als solche – siehe dazu im Weiteren das übrige „Organon" – durch alle momentanen Ununterscheidbarkeiten und Unentschiedenheiten des unausweichlich in Gang befindlichen, auf die Ermittlung so weit wie möglich wahrer Urteile und Schlüsse abzielenden (nicht nur wissenschaftlichen) Erkenntnisprozesses hindurchzieht und sich im (auch schon Platon wohlbekannten) Nus, mit anderen Worten: in der Vernunft oder im Geist als einerseits Voraussetzung und andererseits Spitze des Ganzen vollendet.

5. Ad Hegel

a) Präsentation und Interpretation seiner Dialektik

Als Vollender der Dialektik – der Dialektik nicht nur im Sinne von Heraklit – sieht sich mit gutem Grund Hegel an. Schon deshalb ist bei der Behandlung unseres Themas auf ihn hier einzugehen – auch wenn dies teils nur in generalisierender Weise bzw. im Blick auf die eher allgemeine Gestalt geschieht, die bei ihm die Dialektik in der „zum Teil erzählenden Exposition" der Vorrede zu seiner „Phänomenologie des Geistes" und in der Vorrede zur zweiten Ausgabe bzw. in der Einleitung zu seiner „Wissenschaft der Logik" hat.

Auf der Basis dieser Einschränkung ergibt sich:

„Mit der [von Hegel beanspruchten, aber, wie oben dargelegt, eigentlich spätestens schon mit Aristoteles bestehenden] Einführung des Inhalts in die logische Betrachtung … [sind es Hegel zufolge in dieser] nicht [wie bei Kant] die Dinge, sondern [ist es] die Sache, der Begriff der Dinge, welcher Gegenstand wird" – der Begriff oder Gedanke dabei teils „als Gedanke überhaupt, als Allgemeines", teils als „ein Begriff gefasst: d.h. letztgenannter verstanden „erstens [als] d e r Begriff an ihm selbst, und dieser ist nur Einer, und ist die substantielle Grundlage" und zweitens als „ein bestimmter Begriff, welche Bestimmtheit an ihm das ist, was als Inhalt erscheint, die Bestimmtheit des Begriffs aber ist eine Formbestimmung dieser [schon genannten zuletzt allgemeinen] substantiellen Einheit, [d.i.] ein Moment der Form als Totalität, [also] des Begriffes selbst, der [wie dargestellt] die Grundlage der bestimmten Begriffe ist. Dieser [„Begriff selbst"] wird nicht sinnlich angeschaut oder vorgestellt, er ist nur [flüssiger] Gegenstand, Produkt und Inhalt des Denkens und[solcherart zusammengenommen]die an und für sich seiende Sache, der Logos, die Vernunft dessen, was ist, die Wahrheit dessen, was den Namen der Dinge führt (Log., Vorr., S. 30 f.).

Diese wohl nicht gerade leicht zu verstehende Stelle aus der genannten Vorrede zur „Wissenschaft der Logik" zeigt uns jedenfalls mit einem Schlag und in aller Deutlichkeit, in welchem Element wir mit Hegel von vornherein auch dort leben und worin wir von vornherein auch dort sind, wo zugleich die Sache, die Gegenständlichkeit selbst in Rede steht: dass es stets der einesteils schlechthin allgemeine und der andernteils konkrete identisch-divers-lebendige Begriff ist. (In diesem Sinn zu den Begriffen Einheit, Logos und Wahrheit weiter unten.)

Die im Prinzip selbe Situation, hier aber aus der Sicht der „Phänomenologie" (S. 32) und unter Herausstellung der zentralen Bedeutung, die für die Entwicklung des Bewusstseins bzw. generell des Geistes Gegenständlichkeit und damit auch Gegensatz und überhaupt Negatives als das sich, d.i. dem Geist, andere besitzen, formuliert die folgende Stelle so: „Das unmittelbare Dasein des Geistes, das Bewusstsein, hat die zwei Momente, [das] des Wissens und [das] der dem Wissen negativen Gegenständlichkeit. Indem in diesem [doppelseitigen] Elemente [d.i. im Bewusstsein] sich der Geist entwickelt und seine Momente auslegt, so kommt ihnen dieser Gegensatz [einerseits des Wissens und andererseits der Gegenständlichkeit] zu … Die Wissenschaft dieses Wegs ist Wissenschaft der Erfahrung, die das Bewusstsein macht – die Substanz wird [auf diesem Weg] betrachtet, wie sie und ihre Bewegung sein [– des Bewusstseins –] Gegenstand ist … Der Geist [selbst ist Letzteres, er] wird aber Gegenstand, denn er ist diese Bewegung, sich ein anderes, d.h. Gegenstand seines Selbsts zu werden, und dieses Anderssein aufzuheben. Und die Erfahrung wird eben diese Bewegung genannt, worin das Unmittelbare, das Unerfahrene, d.h. das Abstrakte, es sei des sinnlichen Seins oder des nur gedachten Einfachen, sich entfremdet [oder negativ wird], und dann aus dieser Entfremdung [oder Negation] zu sich zurückgeht und hiemit jetzt erst in seiner Wirklichkeit und Wahrheit dargestellt, wie auch Eigentum des Bewusstseins ist."

Es ist so die „ungeheure Macht des Negativen", diese „Energie des Denkens" (Phän., S. 29), die Kraft, die die Selbstbewegung des Begriffs im Sinne dieser beiden längeren Zitate in Gang hält – die Selbstbewegung desjenigen Begriffs, der „als solcher … [eben] das an und für sich seiende [= Seiende] ist" (Log., Einl., S. 45), mit welch letzterer Wendung übrigens an das oben erwähnte Aristotelische Früher-und-Bekannter in Hegelscher Weise angeknüpft ist.

Was freilich die am Ende des zweiten der beiden längeren Zitate herausgestrichene Wirklichkeit und Wahrheit angeht, so wird vor allem Letztere im selben Kontext (Phän., S. 33) mit Emphase wie folgt erörtert: „Das Wahre und Falsche gehört zu den bestimmten Gedanken, die bewegungslos für eigne Wesen gelten, deren eines drüben, das andre hüben ohne Gemeinschaft mit dem andern isoliert und fest steht. Dagegen muss behauptet werden, dass die Wahrheit nicht eine ausgeprägte Münze ist, die fertig gegeben und so eingestrichen werden kann. Noch gibt es ein [in sich verschlossenes] Falsches …"

Die Gemeinschaft von Wahr und Falsch (und damit die Gemeinschaft von Positivität und Negativität und letztlich aller Gegensätzlichkeit überhaupt) ist es also, was Hegel hier beansprucht – die Gemeinschaft in welchem Sinne aber?

Zur Klärung dieser Frage lesen wir im zuletzt zitierten Absatz noch das Folgende: „Es kann jedoch … nicht gesagt werden, dass das Falsche ein Moment oder gar einen Bestandteil des Wahren ausmache" – Letzteres etwa gar „wie Öl und Wasser", die unmischbar nur äußerlich verbunden sind. Vielmehr geht es bei der besagten „Gemeinschaft mit dem andern" zuletzt um „das Moment des vollkommenen Andersseins" des Weiterentwickelten. Daher „müssen ihre Ausdrücke [d.i. daher dürfen die Ausdrücke wahr und falsch in der früheren Bedeutung] da, wo ihr Anderssein aufgehoben ist [d.i. von da an, wo sie in ihrer wenn auch vielleicht noch ‚unmittelbar vorhandenen', so dennoch vergangenen Bedeutung äußerlich geworden sind], nicht mehr [wie vorher] gebraucht werden'. Ist doch überhaupt „die Substanz [und im Weiteren dann das Subjekt, zu welchem die Substanz wird, zuletzt] selbst wesentlich das Negative, teils als Unterscheidung und Bestimmung des Inhalts, teils als ein einfaches Unterscheiden, d.h. als Selbst und Wissen überhaupt", oder schließlich eben generell: ist doch die Identität, wie gleichfalls oben bemerkt, „Identität der Identität und Nichtidentität."

Oder all dies in eindrucksvoller Veranschaulichung gesagt: „Das Wahre ist so der bacchantische Taumel, an dem kein Glied nicht trunken ist, und weil jedes, indem es sich absondert, ebenso unmittelbar [sich = Ergänzung nach G, Lasson, vgl. S. 581] auflöst, – ist er ebenso die durchsichtige und einfache Ruhe. In dem Gerichte jener Bewegung bestehen zwar die einzelnen Gestalten des Geistes wie die bestimmten Gedanken nicht, aber sie sind so sehr auch positive notwendige Momente, als [= wie] sie negativ und verschwindend sind" (Phän., S. 39).

b) Probleme und Fragen

Doch trotz der besagten Einheit von Identität und Nichtidentität soll nach Hegel gelten (vgl. Logik, Einl., S. 53): „Das, wodurch sich der Begriff selbst weiter leitet, ist das vorhin angegebene [das jeweils bestimmte] Negative, das er in sich selbst hat, dies macht das wahrhaft Dialektische aus." Oder mit anderen Worten: Es soll nach ihm trotzdem die allgemeine Auszeichnung des Negativen gelten!

(Aber es führen die konzentrierten Bemühungen Hegels „um die bestimmte Negation" wohl deshalb „zu einer eigentümlichen Nivellierung fundamentalphilosophischer Differenzen ..., damit [!] dadurch die Legitimierung der [von vornherein nicht limitierten Gegensatz-] Möglichkeit auf eine einzige Art Gegensatz (Widerspruch) und dadurch ... die gegen alles ‚Vielerlei' zuletzt ‚gleichgültige Form' der absoluten Dialektik und ihrer Methode erreicht" wird. (Zitat aus Heintel 1984, Bd. 1, S. 297). [Was die Arten der Gegensätze angeht, so sei jedenfalls zwischen Verschiedenheit Unterschied, Gegensatz und Widerspruch zu unterscheiden, vgl. Bd. II, S. 170 ff.] Und hinsichtlich der fundamentalphilosophischen Differenzen (und ihrer Vermittlung) ist im Sinne des Zitats wohl zunächst an die ontische – den Unterschied z.b. zwischen Stein und Erz –, dann an die ontologische – den Unterschied besonders zwischen Materie und ihrem Organisationsprinzip – und schließlich an die transzendentale Differenz – den Unterschied zwischen Gegenstand und Subjekt – zu denken. Vgl. die in ihrer Weise gleichfalls zentralen Einwände von E. Oeser und J. Mader in deren desgleichen in den Literaturverweisen angeführten Arbeiten. Siehe auch G. Picht in dessen Arbeit.

Gibt es in Entsprechung zur besagten Auszeichnung des Negativen zuletzt nicht auch bzw. sogar mehr noch eine solche für das Positive (und worin soll sie bestehen)? Wenn nein, dann hätte bei Hegel das Prinzip des (verbotenen) Widerspruchs (im Raum des vernünftigen im Unterschied zum verständigen Denken) jede Funktion verloren, wenn ja, dann wäre mit diesem Prinzip der Aristotelisch aufgefasste Beweis in seinem traditionellen Recht anerkannt.

c) Kurze Erörterung zweier soeben angesprochener Hauptfragen

Was somit erstens den Beweis angeht, so ist zunächst festzuhalten, dass die Beweisgestalten, die Hegel der Vorrede zur Phänomenologie zufolge (vgl. S. 53) unterscheidet, beide nicht für Aristoteles gelten. Denn weder verliert Aristoteles sich in der Zirkularität, die nach Hegel den „gewöhnlichen Beweis" kennzeichnet, noch fällt der Aristotelische Beweisbegriff mit dem zusammen, was Hegel zufolge den „Begriff des philosophischen Beweisens" ausmacht und welch Letzteren er für die (bzw. seine, d.i. die Hegelsche) Dialektik in dem Sinne beansprucht, dass dieser Begriff und die Dialektik dabei in eins fallen, sei doch „der Begriff des philosophischen [also des eigentlichen] Beweisens verloren gegangen", seit – durch wen, wird nicht gesagt – „die Dialektik vom Beweise getrennt" (ebd.) bzw. seit – so der im Kein selbe Gedanke in der Formulierung, die die Einleitung zur „Wissenschaft der Logik" (auch hier auf S. 53) enthält, – „die D i a l e k t i k ... als ein abgesonderter Teil der Logik betrachtet und in Ansehung ihres

Zwecks und Standpunkts [bei diesem Vorgehen], man kann sagen, gänzlich ver-
kannt" wurde.

Zum Begriff „Beweis" sagt Aristoteles am Beginn des 4. Kapitels des zweiten
Buchs seiner „Zweiten Analytik" sehr schön: „Da dasjenige, wovon man ein
Wissen schlechthin hat sich unmöglich anders verhalten kann, so wird das, was
man mit apodiktischem Wissen weiß, notwendig sein. Apodiktisch ist aber das
Wissen dann, wenn wir es dadurch haben, dass wir einen Beweis haben." Diese
Begriffsbestimmung gilt uneingeschränkt auch für Hegel.

Auf die herausragende Wichtigkeit des Beweis-Begriffs für den vorliegenden
Zusammenhang wurde ich übrigens im Rahmen der nun schon etliche Semester
lang am Wiener Institut für Philosophie bestehenden Arbeitsgruppe für Transzendentalphilosophie besonders aufmerksam – und zwar dank mehrerer Äu-
ßerungen, die mein Kollege Franz Ungler, ein vorzüglicher Hegel-Kenner zu
bedenken gab.

Und was zum vorliegenden Zusammenhang Aristoteles bzw. was allgemein
„seinen" hierhergehörigen Argumentationskosmos betrifft, so ist hier am sach-
gemäßesten wohl an den obigen Terminus „Teil" anzuknüpfen und zu diesem
(und zwar einfachheitshalber so, dass von dessen Nähe zu den weiter oben erwähnten Begriffen Element und Moment an vorliegender Stelle abgesehen wird)
zu bemerken: Die „Topik" oder Dialektik bildet einen nicht schlechthin, sondern
einen nur relativ „abgesonderten" oder gar „getrennten Teil" der Logik, nur relativ abgesondert oder getrennt, weil sie einerseits in allen übrigen Schriften (mit
Einschluss auch der auf ihre Weise allumfassenden „Metaphysik") durchgehend
präsent ist und doch andererseits dank der Unaufhebbarkeit des Anspruchs auf
Beweisleistung, an deren höchstem Punkt so komplettiert und zugleich fundiert
wird, dass Letztere solcherart unter Aufhebung allen spezifischen und allgemeinen Schießverfahrens ebenso wie der Dialektik, jedoch im Ungeschmälertlas-
sen des Prinzips des (verbotenen) Widerspruchs sowie – siehe den Schluss der
Zweiten Analytik – im Evidentgewordensein des Nus alle Sub-Prinzipien, d.h.
alle nachgeordneten Prinzipien sowohl relativ gültig wie als solche auch absolut-
seiend und absolut-wahr sein lässt.

Was schließlich zweitens die Wahrheit selbst angeht, so lässt sich jene oben
vermisste und gesuchte Auszeichnung für das Positive, die derjenigen für das
Negative zumindest nicht nachsteht, offenbar in dem ebenso kurzen wie präg-
nanten bekannten Satz der Vorrede zur „Phänomenologie" (S. 21) „Das Wahre
ist [erst] das Ganze" sowie in dem, der auf ihn unmittelbar folgt, finden, also
im Satz: „Das Ganze aber ist nur das durch seine Entwicklung sich vollendende
Wesen."

Der letzte Satz freilich – wenn er als erster wiederaufgenommen werden darf – führt schwerlich über Heraklit hinaus, ja er ist vielmehr einerseits, radikal-heraklitisch verstanden, wohl nicht nur für den Fall der Gleichsetzung von Erkennen mit Wahrnehmen, Letzteres auf die allzu einfache Differenz von Wirken und Leiden und deren Dialektik eingeschränkt, schon in Platons „Theaitetos" (vgl. 151 d 7 ff) widerlegt bzw. er ist andererseits mit Aristoteles – siehe auch dessen Begriffsverbindung oder Prinzip „das erste unbewegt Bewegende" – ohnehin im Einklang, wenn man den Satz so fassen darf, wie er oben interpretiert ist. Dieser Einklang besteht bei Akzeptierung der gleichen Interpretation auch für den ersteren Satz, also für „das Wahre ist das Ganze". Wird die besagte Interpretation bei diesem Satz dagegen nicht als zulässig angesehen, dann fehlt die Legitimation für die gesuchte Auszeichnung – dann kann die Wahrheit des Ganzen ebenso seine Falschheit sein.

Dies ist eine Formulierung, die in dialektischer Umkehrung auch schon bei Th. W. Adorno in seinen „Minima Moralia" (als „Das Ganze ist das Unwahre") ausgesprochen ist – dies des näheren (ebd. 153) so, dass die „vollendete Negativität einmal ganz ins Auge gefasst, zur Spiegelschrift ihres Gegenteils [d.i. der Positivität] zusammenschießt", welch Letztere(s) in Wirklichkeit aber „das ganz Unmögliche [ist], weil es einen Standort voraussetzt, der dem Bannkreis des [menschlichen] Daseins, wäre es auch nur um ein Winziges, entrückt ist."

Dann haben etwa auch die berühmten Begriffe Versöhnung und auch Entfremdung die Bemerkung, dass erst das Zurückgehen aus der Entfremdung zur Wahrheit führe, systematisch gleichfalls nur relative Geltung, wie diese übrigens dann ja auch für den Bezug Teil-Ganzes insgesamt gilt. Und dann (und unter solchen Umständen) erst hätte in der Tat wohl auch Platons Idee des Guten ihre bekannte systematische Auszeichnung eingebüßt.

6. Zusammenfassung und Ergebnis

In der Bemühung, unserer Thematik zu entsprechen, ist aus guten Gründen der Begriff der Dialektik in der Form eines Vergleichs Aristoteles-Hegel ins Zentrum unserer Überlegungen getreten – eines Vergleichs, der genauer besehen nicht an den Namen, sondern an der Sache orientiert sein will. Bei aller Gemeinsamkeit zwischen den angeführten Denkern gerade in Ansehung „des ersten unbewegt Bewegenden" zeichnet sich, so geht aus den vorgelegten Ausführungen hervor, doch auch zugleich eine radikale Differenz zwischen beiden ab. Es handelt sich bei ihr vielleicht sogar um diejenige von allen, die am grundlegendsten ist.

Diese Differenz kommt recht schön zuletzt auch dort zum Ausdruck, wo Hegel ohne Zweifel in tiefer Reverenz vor Aristoteles seine „Enzyklopädie" mit einem Zitat aus dem 7. Kapitel des XII. Buches der Aristotelischen „Metaphysik" schließt. Dieses berühmte Zitat (1072 b 18–30) passt treffend in unseren Zusammenhang, es lautet leicht gekürzt: „… denkbar wird sie selbst [die Vernunft, der Nus], den Gegenstand berührend und denkend, so dass Vernunft und Gedachtes dasselbe ist. Denn die Vernunft ist das aufnehmende Vermögen für das Denkbare und [für] die Wesenheit … Und Leben wohnt in ihr, denn der Vernunft wirkliche ist Leben, die Gottheit aber ist die Tätigkeit, ihre Tätigkeit als solche ist das beste und ewige Leben."

Von der Aristotelischen ist, wie mir scheint im Unterschied zur Hegelschen Auffassung d.i. im Unterschied zur absoluten Dialektik, diejenige Auffassung Hegels deutlich weniger abgesetzt bzw. divers, die seine „Enzyklopädie" vor allem zusammenfassend wiedergibt. In der Vorrede zu deren zweiter Ausgabe kennzeichnet er das Wahre nämlich als „index sui et falsi" (S. 19), d.i. als Katalog, vielleicht auch als Probierstein seiner selbst und des Falschen – dies auch in dem Sinne, dass und „weil die Teile nur aus dem Ganzen zu begreifen sind" (vgl. S. 9 seiner Berliner Schriften bzw. S. XLIII der im Literaturverzeichnis genannten „Enzyklopädie"-Ausgabe): Was eine Situation ergibt, die das Hegelsche Wahre-Ganze zumindest dem Ansatz nach für eine Strukturierung im Sinne des XII. Buches der Aristotelischen Metaphysik auftut bzw. aufgetan hat; sodass es möglich ist, von der Spitze des so beschaffenen Ganzen ebenso wie von der Spitze des (näherhin dritten) Schlusses im Sinne Hegels nicht nur „zurückzusehen" (wie es im § 573 der Enzyklopädie heißt), sondern im Vorblick auf Letzteres – wie ungefähr und vorläufig auch immer dieser sein mag – auch schon vorauszublicken (und so die Macht des Negativen zuletzt doch in den Grenzen des Guten zu halten).

7. Zeit, Muße und Ewigkeit
Betrachtungen auf primär Platonisch-Aristotelischer Grundlage (2000)

1. Einleitung

Das Bestimmtsein im Sinne der Zeit erweist sich als derart grundlegend, dass es schon in der Strukturierung dessen, was Rede ist, gleich an vorderster Stelle (siehe Rhet. II 18, 1391 b 27–29, wo es um das in der Zukunft bzw. der Vergangenheit Mögliche und Unmögliche geht) und in der Folge auch an anderen Stellen sehr deutlich hervortritt. Zumindest gleich grundlegend wie in der Rhetorik ist der Begriff der Zeit auch in der aristotelischen Physik.

Diese ist es, wo die Zeit (im Anschluss auch an Platon) in auch heute nicht überholter Weise wie folgt bestimmt wird:

2. die Zeit als Anzahl der Bewegung gemäß dem früher und später

Auch die „Physik" steht im Zeichen der für Aristoteles zentralen einerseits „Für-uns"- und andererseits „Schlechthin" oder „Von-Natur-aus"-Dialektik (oder -Bewegung) – dies in ihrem Fall aber nicht wie beim „Organon" unter Heraushebung des Früher-Bekannter-, sondern nun unter Mithervorhebung des Bekannter-Sicherer-Charakters des Erkennensanliegens. Dabei eröffnet sie ihre Aufgabe, indem sie ihr Gebiet von dem her betritt, was man vorläufige Gesamtauffassung nennen kann – ein Umstand, der sich schon in ihren einleitenden Sätzen so darstellt: „Auf allen methodisch vorgehenden Gebieten, die Prinzipien, Ursachen und Elemente haben, ergibt sich das Wissen und das Verstehen aus deren Erkennen, denn wir glauben dann etwas zu erkennen, wenn wir dessen erste Ursachen sowie dessen erste Prinzipien mit Einschluss von dessen Elementen erfassen." So ist klar, dass wir auch bei der Naturerkenntnis versuchen müssen, zuerst über den Bereich der Prinzipien begriffliche Klarheit zu gewinnen. Der natürliche Weg nun führt von dem für uns Bekannteren und Sicheren zu dem, was seiner Natur [oder seinem Wesen] nach sicherer und bekannter ist … Für uns ist ursprünglich klar und sicher das stark Vermischte [vgl. bei Kant: das Mannigfaltige], später erst, wenn wir dies zergliedern, werden uns auf dessen Basis die Elemente und die Prinzipien bekannt. Daher müssen wir von der Gesamtauffassung her auf das [am] Einzelne[n] zu voranschreiten. Denn das Ganze ist für die Wahrnehmung bekannter und die Gesamtauffassung ist eine Art Ganzes. Halten wir uns etwa an das – von Aristoteles selbst angeführte für die „Physik" höchst bezeichnende begriffliche – Beispiel „Kreis": dieser hat über das, was er als Name besagt, hinaus eine begriffsnahe Gesamtbedeutung, doch erst seine Begriffsbestimmung – seine Definition, so wird auch doppeldeutig gesagt – zergliedert ihn in seine einzelnen, für sich abgetrennt gesehen aber abstrakten Allgemeinheiten hinein, z.B. in die Ermittlung der Größe.

Diese Sätze zusammengenommen lassen wohl mit Recht erwarten, dass die Mathematik für die „Physik" des Aristoteles nicht im gleichen Sinne zentral ist, wie dies für die neuzeitliche Physik zutrifft. (Diese Feststellung gilt, auch wenn die Aristotelische oder bloß aristotelische, d.h., was das Letztere angeht, die bloß im Geist des Aristoteles wohl bald nach dessen Tod abgefasste „Mechanik" sich von vornherein als Disziplin versteht, die geradezu „eine Verbindung zwischen mathematischer- und physikalischer Erkenntnis" darstellt). Und die in Rede stehende Feststellung gilt, obwohl man dem 5. Buch der „Physik" mit Hans Wagner „physikgeschichtlich" einen „außerordentlichen Rang" bescheinigen muss, denn Aristoteles „gibt in diesem Buche … allen Hauptzügen nach die begriffsanalytischen Voraussetzungen für jene mathematischen Denkmittel, mit denen dann die physikalische Klassik der Neuzeit die Stetigkeits- und Infinitesimalprobleme in der Natur auf die uns inzwischen vertraut gewordene Weise zu bearbeiten lernte" (vgl. S. 388 von H. Wagners „Physik"-Übersetzung). Die Aristotelische Physik ist jedoch trotz des Umstands, dass der mathematische Aristoteles generell besehen wohl noch immer stark unterschätzt wird, sicherlich gezielt vorrangig nicht mathematisierte Gesetzeswissenschaft, sondern – und zwar nicht nur ihrem Anspruch nach – Prinzipienwissenschaft (in Betreff der Natur) und damit Wissenschaft besonders von den vier sogenannten (Aristotelischen) Ursachen, vom Zufall, vom Zweck, von der Bewegung bzw. deren Arten, vom Kontinuum, vom Unendlichen, vom Leeren, vom Raum von der Zeit, von der (einschlägigen) Proportionalität, von der Kreisbewegung und zuhöchst vom unbewegt Bewegenden.

Mehr denn Vorsicht ist mit dieser Formulierung freilich hinsichtlich Einsteins geboten. Er sagt nämlich (vgl. die Zitierung Einsteins durch Aichelburg [1984] S. 117 unter Verweis auf „Was ist Relativitätstheorie?" aus Mein Weltbild, Hrsg. Seelig, Ullstein 1955): „Die Relativitätstheorie gehört zu den Prinzipientheorien. Um ihr Wesen zu erfassen, muss man also in erster Linie die Prinzipien kennenlernen, auf denen sie beruht." Vielleicht eine kleine Einschränkung hierzu ist aber schon Aichelburgs Bemerkung auf derselben Seite, dass „der Ausgangspunkt zur speziellen Relativitätstheorie … für Einstein ein pragmatischer, nämlich die Frage nach der Gleichzeitigkeit" gewesen sei.

Was die Zeit, die unser Thema ist, angeht, so kann man mit Peter Janich aber geradezu sagen: „In den Zeittheorien von Aristoteles und Augustinus treten bereits alle Probleme auf, die in den Zeittheorien philosophischer Art später diskutiert werden, mit Ausnahme einiger Fragen, die sich erst im Zusammenhang mit der neuzeitlichen Naturwissenschaft stellen" – soweit man nicht sogar die letzteren Fragen mehr, als dies für Janich der Fall ist, gleichfalls schon von den großen Alten mit angesprochen sehen muss.

In der somit entwickelten ineinander verschränkten Dynamik der Bekannter-und-sicherer- bzw. der Früher-und-bekannter-Relation – und dies einerseits „für uns" und somit „im ganzen" und andererseits „schlechthin" oder „von Natur aus" – steht nach dem bisher Ausgeführten also auch für uns hier zunächst die epagogische (oder „induktive"), auf die Prinzipien – in unserem Fall auf die Prinzipien der Natur – zielende Gesamtansicht im Vordergrund, deren jeweils auch zeitlicher Charakter schon, wie gesagt, im Bereich des Wahrnehmens sowie beim alltäglichen Sich-Unterreden und damit bei jedem etwas komplexeren Sprechvorgang sowohl fortwährend ausgesprochen wird wie in diesem Sinne auch am Tage liegt – beides auch deshalb, weil sowohl Wahrnehmen wie Sprechen (Logos in dessen Doppeldeutigkeit von Sprechen und Denken) von Anfang an als etwas Prozesshaftes oder als eine Bewegung verstanden sind. Doch was ist genauer besehen der Grund, was sind die Gründe dafür, dass solches Am-Tage-Liegen, solch erfahrungsbedingtes gesamthaftes Bekanntsein wirklich hält, was es verspricht? Oder mit anderen Worten und speziell auf unsere Thematik hin grundsätzlich gefragt: a) Ist die Zeit, die auf Basis der Erfahrung unbestritten ist, „in Wirklichkeit" oder ist sie dies nicht? Oder näherhin b) Ist sie, wo sie doch weder als Teil noch auch als Jetztpunkt Seinsbestand hat? Falls sie aber doch ist: In welchem Sinne darf von ihr gesprochen werden? Inwieweit darf man von ihr sagen: sie ist?

Mit den letzten Sätzen sind wir in die möglichst systematische Interpretation der Aristotelischen Ausführungen der Kapitel 10–14 des 4. Buchs der Physik eingetreten – eine Interpretation, die sich zwar möglichst eng an das Original anschließt, die aber schon aus Zeitgründen hier nicht ohne Auslassungen und teils Sprünge zurechtzukommen vermag bzw. die zur technischen Erleichterung des hörenden Mitdenkens von mir erläuternd in die Zitate eingeschobene eigene Klammerausdrücke als solche akustisch kaum kenntlich werden lässt.

Zurück somit zu der in ihrer Form auf Sokrates zurückgehenden Zentralfrage, welche heißt: „Was ist die Zeit und was ist ihre Physis?" (10, 218 a 31 – b 9.) Die sehr schönen, teils auch Platon miteinbegreifenden Antworten der Vorgänger auf diese Frage – Zeit „ist die Bewegung des All" oder „ist die Weltkugel selbst" – könne, so Aristoteles, nicht als zutreffend gelten, denn – unter anderem – was die erste Antwort angehe, „selbst ein Teil der Rotation" des Alls ist noch Zeit und doch nicht mehr die Rotation als solche, und, was die zweite Antwort betrifft: sie habe sich, zu kurz greifend, doch bloß darauf berufen, dass beide All-Kugel und Zeit, alles einschlössen.

Zufolge der schon im Bisherigen herausgestellten Maßgabe, des Bekannt- und Sicherseins nämlich, ist klar – so eröffnet Aristoteles seinen eigenen Lösungsgang –, „dass die Zeit offenbar vor allem eine Art Bewegung und [örtlich vor sich gehende] Veränderung ist, dies wohl ist [somit] zu untersuchen" (10, 218 b 9 f.). Und diese Untersuchung zeigt: „Die Zeit ist weder Bewegung [denn deren vorläufiger Begriff beschränkt sich deutlich nur auf diese], noch ist sie ohne Bewegung" (11, 219 a 1 f.) „Da wir nun danach fragen, was die Zeit ist, so müssen wir hier ansetzen und fragen: welches Moment an der Bewegung" ist sie? „Denn wir nehmen Bewegung und Zeit [eben immer] gleichzeitig wahr (auch: erfahren wir)" (ebd., 2–4, teils, wie auch im Weiteren, in Übernahme der Übersetzung durch H. Wagner). Und dies gelte – so hört und staunt man hier wohl – auch für den Fall, wo wir im Finstern nur psychische, aber keine körperlichen Wahrnehmungen haben.

Und weiter: „Da Bewegtes sich von einer [Stelle] zu einer anderen bewegt und da jede Ausdehnungsgröße kontinuierlich ist, so ist [in Umkehrung dazu] mit Ausdehnungsgröße Bewegung verbunden und da die Ausdehnungsgröße kontinuierlich ist, sind es auch Bewegung und Zeit, „denn so weit wie die Bewegung ist jedesmal auch die Zeit gekommen. [Der Unterschied] des Früher und Später ist dabei ursprünglich örtlich. [Das, was er so ist, ist er] hier durch die Lage [oder „vektoriell"]. Dazu schreibt Schilling-Wollny (1928), von dem ich den Gedanken der vektoriellen Gerichtetheit als Interpretation dieser Textstelle entnehme, auf S. 122: „Diesen Vektorcharakter hat der Ort natürlich n u r   d a r u m, weil er selbst schon (synthetisch) aufgefasst ist als d i e   O r d n u n g   d e r   N a t u r im Äußeren, also als dasjenige, w o h i n sichtbar die Bewegung der Elemente g e h t, wie wir gesehen haben."

Das Früher und Später im Falle der Bewegung ist so in der Tat das jeweilige Seiende als [oder: in] Bewegung. Aber auch die Zeit erfassen [oder: erkennen] wir doch, wenn/sooft wir die Bewegung durch Bestimmung [durch „Definition"] des [betreffenden] Früher und Später bestimmen [„definieren"]. Und wir sagen dann, Zeit sei verstrichen, wenn/wann immer wir vom Früher und Später beim der Bewegung Wahrnehmung [Kenntnis] gewinnen. Wir bestimmen das Früher und Später so, dass wir eins und das andere erfassen; sowie dazwischen etwas Weiteres; denn sobald wir die extremen [Stellen] als vom Mittleren verschieden [seiende] und die Seele [!] die Jetztpunkte als zwei benennt, den einen als den früheren und den anderen als den späteren, dann erst in der Tat sagen wir, das sei Zeit, denn das, was durch den [= einen] Jetzt-punkt [auf beiden Seiten] eingegrenzt ist, ist offensichtlich Zeit; und dies sei festgehalten! (Ebd. 10–30.) So nachdrücklich und ganz unüblich unterstreicht Aristoteles das Resultat des ganzen entwickelten Zusammenhangs. Und er fährt, dieses Resultat teils zusätzlich klarstellend, teils schon wie nach getaner Hauptarbeit, fort: „Wenn wir also den als einen einzigen wahrnehmen und nicht entweder als Früher und Später im Ablauf der Bewegung oder nicht als ein- und dasselbe von etwas als Früherem und als Späterem, dann ist offen-sichtlich keine Zeit verstrichen, weil dann ja auch keine Bewegung [vergangen sein kann]. Sooft hingegen [– bei den Himmelskörpern gewöhnlicherweise in Form von Periodizität –] das Früher und Später [festzustellen ist, sooft] nur sprechen wir von Zeit". Und nun wieder massiv: „Denn das ist die Zeit: Zahl [bzw. genauer Anzahl] von Bewegung gemäß dem Früher und Später" (Ebd. 33–219 b 2.). „Mithin ist die Zeit nicht [einfachhin] Bewegung, sondern das Zahlmoment an der Bewegung. Ein Nachweis [dafür ist]: das Mehr und Min-der unterscheiden wir [allgemein] zwar durch die Zahl, mehr und weniger Bewegung dagegen durch die Zeit. Somit ist die Zeit eine Art von Zahl." (Ebd. 3–5.) Es gibt ja zwei Arten von letzterer: die Zeit ist Zahl, genauer Anzahl als Gezähltes, nicht jedoch das, womit wir zählen (Ebd. 5–8).

Hoffmann (1925) schreibt auf S. 167 f. dazu u.a.: „Die Zeit ist das Maß der Bewegung in Beziehung auf das Früher und Später, wobei die Einheit des Maßes das Jetzt ist" (De coelo 279 a 14 und Phys. 219 b 1 ff.). Die Zeit ist nicht die Zahlenreihe, und das jetzt ist nicht die Eins; aber der Prozess, durch den aus der Eins die Zahlenreihe entsteht, ist nach Aristoteles analog dem Prozess, durch den aus dem Jetzt die Zeit geboren wird.

„Und wie die Bewegung stets [bald] die eine und [bald] eine andere ist [z.B., füge ich hier hinzu, wie der Lauf des Achill schneller ist als derjenige der Schildkröte oder wie sein Lauf zu Beginn des Wettlaufs langsamer sein mag als am Ende, so ist dies gleicherweise einerseits] auch die [jeweilige] Zeit (doch ist zugleich die Zeit als ganze [oder gleichsam als allgemeine anderer-seits] ein und dieselbe, denn es ist ja auch das Jetzt dasselbe, was es vorher war, – sein [konkretes] Sein ist aber jeweils ein anderes – das Jetzt [der Jetzt-punkt] bestimmt ja die Zeit da [d.i. für den Bereich], wo ein Früher ist und ein Später). [Wie die Bewegung bzw. die Zeit, so ist – paradoxerweise, so scheint es – auch] das Jetzt ein- und dasselbe, andererseits ist es aber nicht dasselbe, …" (ebd., 9–13) – dies Letztere ist dabei in dem Sinne zu differenzieren, „wie die Sophisten den Aufenthalt des Koriskos im Lykeion und des Koriskos auf der Agora als etwas Verschiedenes ansehen" (ebd., 20 f.).

Dann folgen bis zum Ende des Kapitels 13 reichende sehr ausführliche zugleich sprachkritische und sprachlogische Betrachtungen zu unserer Thematik, bei denen weiterhin das „jetzt" – als Jetztzeit in weiterer Bedeutung und als Jetztpunkt in bisher erörterter engerer Bedeutung gefasst – im Zentrum steht. Sie schließen mit dem Satz: „Dass es die Zeit also gibt und was [sie ist], in wie vielfacher Bedeutung das Jetzt ausgesagt wird und was nur immer schon, ‚einst' und ‚plötzlich' [heißen], ist [damit] ausgeführt" (13, 222 b 27–29).

In den Ausführungen ebd. 220 a 10–20 sind Jetzt (Augenblick) und Punkt in eine gewisse Entsprechung zueinander gebracht. So wird es für das Verständnis unserer Interpretation (mit Rücksicht auch auf den in unserem Text vorkommenden Begriff der „Seele", dem wir ja hier nicht näher nachgehen können) gewiss dienlich sein, was Leibniz (1966) übrigens in einer kleinen Schrift, die sich mit Demokrit, Descartes und besonders mit Aristoteles beschäftigt, über den Punkt sagt: „Nur die s u b s t a n t i a l e n A t o m e, d.h. die wirklichen und völlig teillosen Einheiten, sind die Quellen der Aktionen und die ersten absoluten Prinzipien der Zusammensetzung der Dinge und gleichsam die letzten Elemente der Analyse der Substanzen. Man könnte sie m e t a p h y s i s c h e P u n k t e nennen: sie haben etwas Lebendiges und eine Art Perzeption und die m a t h e m a t i s c h e n P u n k t e sind ihre G e s i c h t s p u n k t e, um das Universum auszudrücken. Sind aber die Körpersubstanzen zusammengedrängt, dann bilden alle ihre Organe für uns nur einen p h y s i s c h e n P u n k t. Also sind die physischen Punkte nur scheinbar unteilbar; die mathematischen Punkte sind wahre Punkte, aber bloß modale Bestimmungen. Nur die metaphysischen oder substantialen Punkte (die durch die Formen oder Seelen gebildet werden) sind wahre und reale, und ohne sie gäbe es nichts Reales, da es ja ohne wahre Einheiten keine Vielheit geben würde."

Zurück nochmals zum Jetzt bzw. Jetztpunkt. Von gewissen Verfeinerungen abgesehen, kann man diesbezüglich von drei in den bisherigen Ausführungen schon aufscheinenden Bedeutungen sprechen: a) Von der relativ unscharfen (in gewissem Sinne ganzheitlichen) der Alltagssprache (welche Bedeutung auch am Beginn der sogenannten Vorsokratik noch vorgelegen haben mag), b) vom Jetztpunkt als in gewisser Weise individuellem, c) vom Jetztpunkt als demjenigen allgemeinen Jetztpunkt, in welchem mindestens zwei Jetztpunkte als (in gewisser Weise individuelle) Begrenzungen eines einzelnen Prozesses eines Seienden oder auch simultaner weiterer derartiger Prozesse von Seiendem zusammengefasst sind – zusammengefasst solcherart in einer einzigen Identität: der Identität der bestimmten Anzahl von derartigem Seienden, z.b. der Anzahl sieben, z.b. sogar von sieben Hunden da und von sieben Pferden dort (14, 223 b 4 f.).

Was Zeit ist, das ist nach dem Bisherigen also Anzahl vor allem durch den und im Jetztpunkt, in ihm als punktuellem Augenblick (bzw., weiter gefasst, in ihm als Gegenwart oder Präsenz) – in dieser Punktualität damit zugleich als (ganzheitliche) Basis und als zugleich (ausdehnungslose) Spitze: und zwar Spitze in dem Sime, dass der so geartete Jetztpunkt, sei es einerseits als potentielle, sei es gegebenenfalls andererseits als aktuale ausdehnungslose gleichsam zweiseitige Grenze – zuletzt als äußerste Grenze oder als mit höchster gleichmäßiger (oder konstanter?) Geschwindigkeit bewegte Ätherregion – aller bestimmten Bewegung, der schnellsten und der langsameren, im Verlauf des unausweichlichen zusammenhängigen Durchgangs durch ihn sein unbestechliches zugleich zeitliches Ausmaß und Maß zu geben vermag; zu Aus-Maß siehe auch noch unten. (Ein Maß übrigens, das wohl erst unterhalb seiner höchsten Ebene der sogenannten Zeitdilatation und damit auch dem Uhrenparadoxon Raum gewähren kann. Denn das Höchstmaß lässt sich nicht nach Art der sogenannten „absoluten Lichtgeschwindigkeit" in eine bestimmte endgültige Zahl fassen, auch wenn allein schon der bisherige pragmatische Nutzen der ja jedenfalls bestens begründeten und abgesicherten herkömmlichen Absolutsetzung dieser Geschwindigkeit zweifellos unüberschätzbar ist – es lässt sich deshalb nicht in eine bestimmte endgültige Zahl fassen, weil Licht, mit Nobelpreisträger Feynman 1991 S. 74 gesprochen, eben nur das ist, was „sich mit der schnellsten bekannten Geschwindigkeit bewegt." Welchen Überlegungen zufolge viel dafür spricht, dass dieser Begriff der (identischen) Anzahl durch und im Jetzt bzw. genauer im Jetztpunkt nicht nur wichtiges Prinzip für die Lösung unseres vorliegenden Themas ist, sondern mehr noch für unsere Begabung zu Genauigkeit und sogar Ernsthaftigkeit der Existenz, die sich andernfalls wohl in träumerischer Verschwommenheit verlieren müsste.

Oder in Anlehnung an Leibniz, aber hier fast schon als Wortspiel gesagt: Der Mensch ist eben auch dadurch Mensch, dass er als ausdehnungsloser metaphysischer Punkt den ausgedehnten physischen Punkt auch im Wege des ausdehnungslosen mathematischen Punkts zu bestimmen imstande ist.

3. Zwischenbemerkung

„Haben wir denn nicht Muße, Sokrates?" (So fragt Theodoros in Platons Theaitetos 172 a c im Anschluss an den Einwand des Sokrates) „… wir kommen immer aus einer Untersuchung in die andere und aus einer kleineren in eine größere", „viele Zeit [dabei] mit wissenschaftlichen Dingen" hinbringend (Übersetzung F. Schleiermacher).

Ein wichtiges Prinzip erst! Wo bleiben denn da die übrigen die Thematik nicht nur „für uns", sondern auch „schlechthin (oder von Natur aus)" vollmachenden und beschließenden?

Aber, so ist doch spätestens an dieser Stelle zu fragen: Haben wir denn überhaupt die für die Suche nach den weiteren Prinzipien nötige Zeit? Treibt uns denn „nicht zur Eile das Wasser [der Wasseruhr], welches abfließt?" Oder, mit Platon die Transzendierung der üblicherweise herrschenden Form des Existierens in den Raum stellend, gefragt: „Haben wir denn nicht Muße, Sokrates?" Jene Muße nämlich, die für den Freien im Gegensatz zum Knecht charakteristisch ist. Diejenige Muße kurz, die als wohl einzige von allen in der Zeit ablaufenden Aktivitäten vielmehr über die Zeit hinaus zu sein beanspruchen darf? Denn hört der im Sinne dieser Muße Freie etwa „von tausend oder noch mehr Morgen Landes, als hätte, wer sie besitzt, ein ungeheuer großes Besitztum: so dünkt ihn, er höre eine große Kleinigkeit erwähnen, gewohnt wie er ist, über die ganze Erde zu schauen", indem er sich so weit wie möglich im Prinzipiellen bewege. (Ebd. b 4–6. Siehe hierzu auch auf S. 86 in Walter 1996 den folgenden schönen Satz, der aus China stamme: „Einen Tag ungestört in Muße zu verleben heißt: einen Tag lang ein Unsterblicher zu sein.")

4. Jetzt und Ewig

Schon im Bisherigen war an vielen Stellen implizit oder explizit von abschließender Begründung des vorliegenden Zusammenhangs die Rede – anderen Worten also von so etwas wie Prinzipiierung und Ewigkeit des hier thematischen bzw. des schlechthinnigen Ganzen. Und das kann besonders dort gar nicht anders sein, wo Aristoteles eine zentrale Rolle spielt. Die Überwindung des Problems der Zirkularität und vor allem des regressus in infinitum ist für ihn ja erste Bedingung dafür, dass von eigentlichem Wissen abschließend soll gesprochen werden können. Diese logisch-erkenntnistheoretische Bedingung von Wissen ist auch heute noch unabweisbar. Sie spielt daher auch im vorliegenden Zusammenhang in hierhergehöriger Weise die Hauptrolle. Wir werden auf sie unter dem Titel a) „Achilles und die Schildkröte" sogleich kurz zurückkommen. Doch bleibt auch zu b) „Die Kreisbewegung" im vorliegenden Kontext einiges zu bemerken sowie zu c) „Die Vergleichbarkeit der verschiedenen Weisen der Bewegung" in Hinsicht auf deren Anzahl als Zeit. Zu weiteren einschlägigen Erörterungen werden wir freilich ebenso wenig kommen wie zu der letztlich doch alten und „noch" immer wichtigen Frage nach der persönlichen Unsterblichkeit des Menschen – siehe dazu weiter oben auch den Begriff Seele –, welche Frage ja vor allem bei Platon ihren Ausgang nahm.

Ad a) Achilles und die Schildkröte

Bis herauf in unsere Tage ist die Verstrickung in diese berühmte und vieldiskutierte Streitfrage das vielleicht größte Hindernis dafür, sich – so in Anlehnung an Leibniz gesprochen – mit dem „Labyrinth des [obigen Überlegungen zufolge auch zeitlichen] Kontinuums" adäquat auseinandersetzen zu können. Denn nach Aristoteles darf man nicht in den Irrtum des Zenon geraten und meinen, dass z.b. eine Strecke – z.b. ein Vorsprung beim Laufen – aktual unendlich geteilt sei. Denn wäre sie das, so könnte der Vorsprung in der Tat in alle Ewigkeit nicht wettgemacht werden, und zwar dies meines Wissens trotz unserer Infinitesimalrechnung nicht. Sondern eine vorliegende Strecke ist, so Aristoteles mit Recht, (auch Hegel schließt sich Aristoteles in der „Geschichte der Philosophie" an) vielmehr ins Unendliche ja nur teilbar, d.i. sie ist nur potentiell unendlich geteilt. Denn dass man in seinen (einzelnen) Bewegungen – und in den diesen Bewegungen jeweils genau entsprechenden Zeiten – nicht im Sinne Zenons (schon im Einzelfall) aktual im Unendlichen ist, ersieht man, so noch immer Aristoteles, schon beim ersten Schritt, der einem z.b. beim Laufen gelingt. Denn ein solcher wäre (auch Zenon) nicht möglich, wenn er recht hätte.

Wenn also sogar Feynman auf S. 124 des 1. Bands seiner „Vorlesungen über Physik" hinsichtlich der Berechnung des Grenzwerts oder Limes unseren Zusammenhang betreffend vom bei ihm natürlich genau erläuterten und mathematisch präzise gehandhabten Strecken- oder auch Zahlen-Restwert e- schreibt, dass dieser schließlich „vernachlässigbar klein" sei, so ist mit dieser Vorgehensform Zenon weder widerlegt noch auch widerlegbar, wie Aristoteles genau wusste. Desgleichen ist es meines Erachtens ebenso wenig haltbar, wenn Feynman im gleichen Zusammenhang auf S. 121 ausführt: „Und … obgleich es … eine unendliche Anzahl von Schritten bis zu dem Punkt ist, an dem Achilles die Schildkröte einholt, heißt es nicht, dass dabei eine unendlich lange Zeit benötigt wird." Vielmehr muss man im Anschluss an die obige Aristotelische Analyse Feynman diesbezüglich entgegenhalten: Doch, es ist tatsächlich eine unendlich lange Zeit, die benötigt wird, denn es gibt keinen noch so kleinen Schritt – keine noch so kleine Bewegung –, der bzw. die keine Zeit brauchen würde. In diesem Betreff kann man zusätzlich auch auf Physik VI 3, 234 a 8–10 (im Folgenden in der Übersetzung von Gohlke) verweisen, wo es heißt: „Alles Stetige ist ja so geartet, dass zwischen zwei Grenzen immer ein Gebilde gleicher Art liegt. Liegt aber Zeit dazwischen, dann wird sie auch teilbar sein, denn es ist schon bewiesen, dass alle Zeit teilbar ist."

Es ist eben ein von vornherein „Unwahres", was Zenon behauptet; „denn der Schnelle wird den Langsamen doch einholen, sofern man ihm gestattet, Grenze,

das Begrenzte, zu überschreiten", so die etwas abgeänderte Hegelsche Übersetzung der für unseren Belang zentralen Aristoteles-Stelle in den „Vorlesungen
über die Geschichte der Philosophie" [im Abschnitt C) Die eleatische Schule
unter 4. Zeno]. D.h., ein Einholen ist nur möglich und wirklich auf der Basis
Kontinuum, welches als solches ja nicht – und zwar auch nicht durch einen
vermeintlich bloß einzigen, im Ansatz freilich schon die absolute Trennung
implizierenden Raum- oder Zeitpunkt z.b. zwischen Achilles und der Schildkröte – vorweg aktual geteilt, sondern eben nur potentiell teilbar sein kann.

Ad b) Die Kreisbewegung
Der Kreis bzw. der „verkürzte Kreis" – wie man nach Feynman ebd. S. 103, wenn
man so will, die Ellipse nennen darf – ist als Bewegungsform für die Astronomie
heute vielleicht kaum weniger zentral, als er es für Aristoteles gewesen ist. Ob
nun der Kreis von Letzterem erstmals in die Geschichte in seinen wesentlichen
Bestimmungsstücken eingebracht wurde oder nicht, mag hier dahingestellt bleiben. Als entscheidend für seine Vorzugsstellung für unseren Zusammenhang
ist anzusehen, dass der Kreis – schon sein Entstehen vereinigt die Gegensätze
Bewegung und Ruhe – einerseits in der Form seines Bogens, „der keine Breite
hat", in ein und demselben Zug die Widersprüche „Wölbung und Höhlung, was
sich gegenübersteht wie Groß und Klein", vereint, wobei zwischen den Letzteren
„die Gleichheit" liegt wie zwischen den Ersteren „die Geradheit"; daher müssen
die Ersteren, „bevor sie einen der Außenwerte annehmen, zuvor gleich werden",
der Bogen aber „muss gerade werden", wenn er „aus der gewölbten in die hohle
Krümmung übergehen soll, … [er] kann dann erst wieder sich krümmen und
biegen." Und für die Vorzugsstellung des Kreises ist andererseits entscheidend,
dass er als einzige in sich selbst zurückkehrende geometrische Form für die ewige Bewegung (und damit – wie ein Widerspruch in sich – für die ewige Zeit)
bestimmt erscheint, indem er „zugleich entgegengesetzte Bewegungen ausführt,
da er zugleich in den vorderen und rückwärtigen Raum läuft" und der den Kreis
beschreibende Bogen „dem gegenüber sich gleichbleibt, der gleiche Punkt ist …
[sein] Anfang und Ende", und während sich der Bogen „stetig bewegt, wird das
Letzte wieder zum Ersten, von dem man es eben erst umgeben sah" – und umgekehrt. „Das größte Wunder" ist ja, „wenn Gegensätze zueinander gezwungen
werden, und dies bekommt der Kreis fertig." vgl. dazu Aristoteles, Kleine Schriften zur Physik und Metaphysik Bewegungsfragen (= Mechanik) 847 a 1 bis etwa
848 b 10 in der Übersetzung von Gohlke.

Ad c) Zur Vergleichbarkeit der verschiedenen Weisen der Bewegung in Hinsicht auf deren Anzahl als Zeit und damit gegebenenfalls auch als Geschwindigkeit, womit die obige Frage nach dem Maß wiederaufgenommen ist.

Was diese Frage angeht, so ist aus dem kurz vorher über den Kreis Gesagten verständlich, dass es die gleichmäßig (und periodisch) verlaufende Kreisbewegung ist, die nach Aristoteles als die (sachlich und strukturell) „bekannteste" (223 b 20) Bewegung gelten muss und dass nur sie, sofern sie noch dazu die schnellste ist, als „absolutes Maß" von Bewegung zu verstehen sein kann. Hierüber hinaus geht es um die Vergleichbarkeit überhaupt – z.B. von Pferd und Hund, von Kreisbewegung und geradliniger Bewegung (welch beide als die örtlichen und damit ursprünglichen Bewegungen einander konträr wie Einheit und Vielheit gegenüberstehen von Qualität auch (in Betreff der Fläche) zu Quantität (einer Strecke)).

Doch weder darüber können jetzt noch weitere Überlegungen angestellt werden noch auch über die Frage der persönlichen Unsterblichkeit. Sondern wir müssen uns mit dem Bisherigen (als bekannt einerseits „für uns" bzw. andererseits „schlechthin") bescheiden, und das heißt mit dem, was ihm zufolge im Zusammenhang durchwegs mit Bewegung ewige Zeit und zeitlose Ewigkeit, was schlechte (vgl. dazu auch Bonaventura und Hegel) und wo möglich auch was gute Unendlichkeit, was zwischen Vergangenheit und Zukunft Jetzt, was Muße und Maß in der Tat sind, d.i., was sie wirklich sind.

Schlusswort
Würdigung der Tätigkeit von Stephan Haltmayer am Institut für Wissenschaftstheorie

Für Stephan Haltmayer stand der größte Philosoph des alten Griechenlands im Mittelpunkt seines Interesses. Das hat sich bis zu seinen Habilitationsschriften ausgewirkt. Es war vor allem die Logik und das Organon des Aristoteles, mit denen er sich beschäftigt hat. Seine Arbeit war mit allen ihren Originalzitaten sowohl von großer Genauigkeit als auch dementsprechend sehr umfangreich. Die zentralen Ideen dieser einige Hundert Seiten umfassenden Schrift sind auch in seine Istanbuler Vorlesungen eingegangen.

Seine an der Universität Wien zur antiken griechischen Philosophie und Wissenschaft abgehaltenen Lehrveranstaltungen waren ebenfalls ausgezeichnet vorbereitet. So konnte vor allem die bis heutzutage anhaltende Aktualität der aristotelischen Philosophie besonders glaubwürdig darstellen.

Vor allem in seiner Forschung über Aristoteles war Stephan Haltmayer unermüdlich tätig. Seine Tätigkeit in Forschung und Lehre am Institut für Wissenschaftstheorie war gerade in dieser Hinsicht besonders wichtig. Dort wird man ihn für immer in dankbarer Erinnerung halten.

Erhard Oeser

Literatur

Alfarabi's philosophische Abhandlungen aus Londoner, Leidener und Berliner Handschriften, hrsg. von Friedrich Dieterici, Osnabrück 1982. (Neudruck der Ausgabe Leiden 1890).

Aichelburg, Peter C.: Der Zeitbegriff in der modernen Physik. In: Horvat, M.: Das Phänomen Zeit. Wien 1984 S. 111–133.

Aristoteles: De anima, rec. b. a. instruxit W.D. Ross. Oxonii 1974.

Aristoteles: Die Lehrschriften, hrsg., übertragen und in ihrer Entstehung erläutert von Paul Gohlke. c Paderborn 1947–1961.

Aristoteles: Kleine Schriften zu Physik und Metaphysik. (Als Bd. IV 5 von 1). Paderborn 1957.

Aristoteles: Lehre vom Beweis oder Zweite Analytik (Organon IV), Übersetzung E. Rolfes, Hamburg 1976 als ND der Ausgabe 1922.

Aristoteles, Lehre vom Schluss oder Erste Analytik (Organon III), Übersetzung Eu. Rolfes, Hamburg, 1975 als ND der Ausgabe 1921.

Aristoteles: Metaphysik. Übers. v. Hermann Bonitz, Verlag Rowohlt, 1966.

Aristoteles' Metaphysik, Erster Halbbd., in der Übers. von Hermann Bonitz hrsg. von Horst Seidl, griechisch-deutsch, Hamburg 1978.

Aristoteles' Metaphysik. Zweiter Halbband: Bücher VII (Z)–XIV (N). In der Übers. v. H. Bonitz. Neu bearb. v. H. Seidl. Griechisch-deutsch. Hamburg 1980.

Aristoteles: Metaphysik. Übers. von H. Bonitz (ed. Weilmann). hrsg. von H. Carvallo und E. Grassi. Hamburg 1966.

Aristoteles: Physica. Rec. b. a. c. instruxit W. D. Ross. Oxonii 1977.

Aristoteles: Physikvorlesung, übers. v. Hans Wagner. Darmstadt 1983.

Aristoteles: Über die Seele, Mit Einl., Übers. (nach W. Theiler) u. Komm. hrsg. von Horst Seidl, Griechisch-Deutsch, Hamburg 1995.

Aristoteles: Über die Seele, 6. Aufl., Ferdinand Schöningh Paderborn 1986. (Als Bd. VI/1 von Aristoteles, Die Lehrschriften, hrsg. u. übertragen von Paul Gohlke).

Aristoteles: Vom Himmel, Von der Seele, Von der Dichtkunst, übers. u. hrsg. von Olof Gigon, Artemis- Verlag Zürich 1987.

Aristotelis Analytica priora et posteriora. Rec. W. D. Ross, praef. et app. auxit L. Minio-Paluello. Oxonii 1978.

Aristotelis Metaphysica, rec. W. Jaeger, Oxonii 1978.

Becker, Oskar (1938): Besprechung von „Die Fragmente der Vorsokratiker. Griechisch und deutsch von Hermann Diels. Fünfte Auflage, herausgegeben von Walther Kranz. Zwei Bände ..." In: Quellen und Studien zur Geschichte der Mathematik, Astronomie und Physik, hrsg. v. O. Neugebauer u. O. Toeplitz, Abt. B: Studien, Bd. 4, Berlin, S. 149–167.

Becker, Oskar (1959): Die Archai in der griechischen Mathematik. Einige ergänzende Bemerkungen zum Aufsatz von K. v. Fritz (Archiv für Begriffsgeschichte, Bd. 1). In: Archiv für Begriffsgeschichte, hrsg. v.E. Rothacker. Bonn. S. 210–226.

Becker, Oskar: Das mathematische Denken der Antike. Göttingen 1966.

Becker, Oskar: Grundlagen der Mathematik in geschichtlicher Entwicklung, Frankfurt am Main 1990.

Becker, Oskar: Größe und Grenze der mathematischen Denkweise. Freiburg/ München.

Behler, E.: Ewigkeit der Welt. Stichwort im „Historischen Wörterbuch der Philosophie", hrsg. von J. Ritter, Bd. 2, 844–848.

Bonitz, Hermann (1961): Index Aristotelicus. Berlin. (5. Bd., aus: Aristotelis opera ex rec. I. Bekkeri, ed. Acadmia Regia Borussica, cur. O. Gigon.)

Braun, Egon: Vorläufer des „Cogito ergo sum" bei Aristoteles. In: Annales Universitatis Saraviensis, Philosophie-Lettres. Saarbrücken 1956, S. 193–195.

Cassirer, Ernst: Das Erkenntnisproblem in der Philosophie und Wissenschaft der neueren Zeit, 1. Bd., WBG Darmstadt 1974.

Cassirer, Ernst und Ernst Hoffmann: Die Geschichte der antiken Philosophie. Davon letzterer: Die antike Philosophie von Aristoteles bis zum Ausgang des Altertums. In: Max Dessoir (Hrsg.): Die Geschichte der Philosophie. Wiesbaden 1925 S. 141–236.

Cezanne, Paul: Montagne Sainte-Victoire. Eine Kunst-Monographie von Gottfried Boehm. Mit Abbildungen und einer farbigen Klapptafel. Frankfurt a. M. 1988.

Deku, Henry: Infinitum prius finito. In: Philos. Jahrbuch der Görres-Gesellschaft Jg. 62.

Diels, Hermann F.: Die Fragmente der Vorsokratiker, griech. u. deutsch, 3 Bde., hrsg. von Walther Kranz. Berlin-Grunewald bzw. Berlin Charlottenburg 1951. (3. Band: Wortindex von W. Kranz; Namen- und Stellenregister von H. Diels, ergänzt von Kranz.)

Diemer, Alwin: Gott und die Zeit bei Aristoteles. Zur Metaphysik des griechischen Denkens. Kant-Studien Bd. 50/1958/1959, S. 273–286.

Echtemach, H.: Ewigkeit. Stichwort im „Historischen Wörterbuch der Philosophie", hrsg. von J. Ritter, Bd. 2, Sp. 838–844.

Ekschmitt, Wemer: Weltmodelle. Griechische Weltbilder von Thales bis Ptolemäus.

Ferber, Rafael: Zenons Paradoxien der Bewegung und die Struktur von Raum und Zeit. München 1981.

Feynman, Richard P., u.a., Band 1: Hauptsächlich Mechanik, Strahlung und Wärme. München u. Wien 1991.

Flashar, Hellmut (Hrsg.): Grundriss der Philosophie, begr. von F. Ueberweg: Die Philosophie der Antike, Band 3: Ältere Akademie, Aristoteles, Peripatos. Basel, Stuttgart 1983.

Franz, Wolfgang: Über mathematische Aussagen, die samt ihrer Negation nachweislich unbeweisbar sind. Der Unvollständigkeitssatz von Gödel. Steiner Verlag, Wiesbaden 1977.

Frege, Gottlob: Nachgelassene Schriften. Unter Mitwirkung von … bearb., eingel. u. mit Anm. vers. von Hans Hermes, Friedrich Kambartel, Friedrich Kaulbach. Meiner Verlag, Hamburg 1969.

Fritz. Kurt von (1955): Die APXAI in der griechischen Mathematik. In: Archiv für Begriffsgeschichte. Hrsg. E. Rothacker. Bonn, S, 13–103.

Fritz, Kurt von (1984): Versuch einer Richtigstellung neuerer Thesen über Ursprung und Entwicklung von Aristoteles' Logik. In: ders., Beiträge zu Aristoteles, Berlin/New, S. 56–68.

Gadamer, Hans-Georg: Die leere und erfüllte Zeit. In: Walther Ch. Zimmerli und Mike Sandbothe (Hrsg.): Klassiker der modernen Zeitphilosophie. WBG Darmstadt 1993, S. 281–297.

Gadamer, Hans-Georg (Hrsg.): Um die Begriffswelt der Vorsokratiker. WBG Darmstadt 1983.

Gamov, George: Mr. Tompkins' seltsame Reisen durch Kosmos und Mikrokosmos. Mit Anmerkungen „Was der Professor noch nicht wusste" von Roman U. Sexl Vieweg Braunschweig 1980.

Gemoll, Wihelm: Griechisch-deutsches Schul- und Handwörterbuch. Gerold Wien/Leipzig 1908.

Genz, Henning: Wie die Zeit in die Welt kam. Die Entstehung einer Illusion aus Ordnung und Chaos. Reinbek bei Hamburg 1999.

Gigon, Olof und Laila Zimmermann: Abbild bis Zeuxis. Ein Begriffs- und Namenlexikon zu Platon. Artemis Verlag, Zürich und München 1987.

Gohlke, Paul: Aristoteles und sein Werk. Paderborn 1952.

Haltmayer, Stephan: Das Aristotelische Organon als perenne Grundlage der Wissenschaftslehre. Das Ganze des logisch-erkenntnistheoretischen Zusammenhangs (Habilitationsschrift.) Wien 1987.

Haltmayer, Stephan (1978): Hans Albert oder Keine Alternative. In: Wiener Jahrbuch für Philosophie, Bd. XI, S. 153–179.

Haltmayer, Stephan: Zur „Konkretisierung der Transzendentalität". Versuch eines Einschrittes in eine anstehende Problematik. In: Philosophia perennis. Erich Heintel zum 80. Geburtstag. Hrsg. v. Hans-Dieter Klein und Johann Reikerstorfer, Teil 1. Frankfurt a. M. u.a. 1993, S. 42–55.

Haltmayer, Stephan und Werner Gabriel: Abschaffung der freien Universität? Peter Lang Frankfurt a. M. 2000.

Heath, Sir Thomas: Mathematics in Aristotle, Oxford 1949.

Hegel, Georg Friedrich Wilhelm: Enzyklopädie der philosophischen Wissenschaften im Grundrisse. Neu hrsg. v. Friedhelm Nicolin u. Otto Pöggeler. Berlin 1966.

Hegel, Georg Friedrich Wilhelm: Phänomenologie des Geistes, hrsg. v. Johannes Hoffmeister Felix Meiner Hamburg 1952.

Hegel, Georg Wilhelm Friedrich: Philosophische Propädeutik u.a. In: Sämtliche Werke, 3. Bd., hrsg. von H. Glockner. Stuttgart 1949.

Hegel, Georg Wilhelm Friedrich: Wissenschaft der Logik. Erster Teil. Die objektive Logik. 4. Bd. der von H. Glockner hrsg. Jubiläumsausgabe. Stuttgart-Bad Cannstatt 1965.

Heimsoeth, Heinz: Die sechs großen Themen der abendländischen Metaphysik und der Ausgang des Mittelalters, 8. Auflage, Darmstadt 1987.

Heintel, Erich: Die Stellung der Philosophie in der „Universitas Litterarum". Verlag der Österr. Akademie der Wissenschaften. Wien 1990.

Heintel, Erich: Erich Heintel. In: Philosophie in Selbstdarstellungen, hrsg. von L.J. Pongratz, Bd. 111, Hamburg 1977, S. 133–188.

Heintel, Erich: Grundriss der Dialektik. 2 Bde., Darmstadt 1984.

Heintel, Erich. Was kann ich wissen? Was soll ich tun? Was darf ich hoffen? Versuch einer gemeinverständlichen Einführung in das Philosophieren. Wien 1986.

Heintel, Erich: Idee als metaphysische Entität. In: Festschrift für Soren Holm. Nyt Nordisk Forlag Arnold Busck. Kopenhagen 1971, S. 111–119.

Hermann, Joachim: dtv-Atlas zur Astronomie. Tafeln und Texte. Mit Sternatlas. DTV München 81985.

Historisches Wörterbuch der Philosophie, hrsg. von J. Ritter und K. Gründer, Bd. 5, Schwabe Verlag, Basel/Stuttgart 1980.

Hoffmann, Ernst: Der historische Ursprung des Satzes vom Widerspruch. In: ders., Drei Schriften zur griechischen Philosophie, Heidelberg 1964. S. 53–63 u. 77–79.

Höffe, Otfried: Aristoteles. München 1996.

Hölscher, Uve (1983, zuerst 1953): Anaximander und die Anfänge der Philosophie. In: Um die Begriffswelt der Vorsokratiker, hrsg. von H.-G. Gadamer WBG Darmstadt, S. 93–176.

Hönigswald, Richard: Geschichte der Erkenntnistheorie. Wissenschaftliche Buchgesellschaft Darmstadt 1976.

Hönigswald, Richard: Vom erkenntnistheoretischen Gehalt alter Schöpfungserzählungen, Stuttgart 1957.

Horvat, M.: Das Phänomen Zeit. Wien 1984.

Jäsche, Gottlob Benjamin: Immanuel Kants Logik. In: Immanuel Kant, Werke in zehn Bänden, hrsg. v. W. Weischedel, Bd. 5. Wissenschaftliche Buchgesellschaft Darmstadt 1981.

Kant, Immanuel: Kritik der reinen Vernunft. Band 3 der von W. Weischedel hrsg. Werke in 10 Bänden, Wissenschaftliche Buchgesellschaft. Darmstadt 1981.

Kant, I.: Kritik der reinen Vernunft, hrsg. v. 1. Heidemann, Stuttgart 1966.

Kraft, Viktor: Die moderne und die traditionelle Logik. In: Wissenschaft und Weltbild, 3. Jg./1950.

Krämer, Hans Joachim: Zu Platon, Politeia 509 B. In: Archiv für Geschichte der Philosophie, 51. Bd./1969, S. 1–30.

Leibniz, Gottfried Wilhelm: Metaphysische Abhandlung. In: Philosophische Schriften, Bd. 1, hrsg. und übers. von H. H. Holz, Wissenschaftliche Buchgesellschaft Darmstadt.

Leibniz, Gottfried Wilhelm: Neues System der Natur. In: Fünf Schriften zur Logik und Metaphysik, übersetzt und hrsg. von Herbert Herring, Stuttgart 1966.

Liddell, H. G. und R. Scott: A Greek-English Lexicon. 2 Vol., Oxford 1951.

Lorenz, Konrad: Kants Lehre vom Apriorischen im Lichte gegenwärtiger Biologie. Blätter für Deutsche Philosophie 15: 94–125.

Lumpe, Adolf: Der Terminus „Prinzip" (arche) von den Vorsokratikern bis auf Aristoteles. In: Archiv für Begriffsgeschichte, hrsg. v. E. Rothacker. Bonn 1955, S. 104–116.

Luria, S.: Die Infinitesimaltheorie der antiken Atomisten. In: Quellen und Studien zur Geschichte der Mathematik, Astronomie und Physik, hrsg. von O. Neugebauer, J. Stenzel und O. Toeplitz, Abt. B, Bd. 2, Berlin 1933.

Mader, Johann: Moral, Philosophie und Wissenschaft. Probleme der Ethik in Tradition und Gegenwart. Wien u. München 1979 .

Mader, Johann: Philosophie der Revolte. Das Ende des Idealismus im 19. Jahrhundert. Gerold Wien 1993.

Marangos, Jon: Faster than a speeding photon. In: Nature. Vol. 406/issue no. 6793, S. 243 f.

Neugebauer, O.: Vorlesungen über Geschichte der antiken mathematischen Wissenschaften. Erster Band. Vorgriechische Mathematik. Berlin 1934.

Naderer, Eduard: Die ontologische Bestimmung der Zeit in naturphilosophischer Argumentation. Ein Versuch, die Zeit als grundlegende Bedingung des Seins bzw. Seienden zu identifizieren. Dissertation. Wien 1998.

Oeser, Erhard: Begriff und Systematik der Abstraktion. Die Aristotelesinterpretation bei Thomas von Aquin, Hegel und Schelling als Grundlegung der philosophischen Erkenntnislehre. Oldenbourg Wien und München 1969.

Oeser, Erhard: Die antike Dialektik in der Spätphilosophie Schellings. Oldenbourg Wien und München 1965.

Oeser, Erhard: Wissenschaftstheorie als Rekonstruktion der Wissenschaftsgeschichte, Bd. 1. Oldenbourg Wien und München 1979.

Oeser, Erhard und Franz Seitelberger: Gehirn, Bewußtsein und Erkenntnis, 2. Auflage, WBG Darmstadt 1995.

Pauler, Akos von: Aristoteles. Ferdinand Schöningh Paderborn 1933.

Picht, Georg: Aristoteles' „De anima" Mit einer Einführung von Enno Rudolph. Stuttgart 1987.

Platon: Der Staat, bearb. v. D. Kurz, griech. Text v. E Chambry, dt. Übers. v. F. Schleiermacher (4. Bd. der griech. und dt. v. G. Eigler in 8 Bdn. hrsg. Werke.) WBG Darmstadt 1970.

Platon: Phaidon. Siehe den 3. Bd. der von G. Eigler griechisch und deutsch hrsg. Werke in 8 Bdn. Wissenschaftliche Buchgesellschaft. Darmstadt 1974.

Platon: Sämtliche Dialoge, hrsg. von Otto Apelt. Hamburg 1988.

Platon: Werke in acht Bänden, griechisch und deutsch, hrsg. von Gunther Eigler Wissenschaftliche Buchgesellschaft. Darmstadt 1970.

Popper, Karl R.: Logik der Forschung, Verlag J.C.B. Mohr (Paul Siebeck), Tübingen. 1976.

Purdea, George: „Der ewige Augenblick" in der Begegnung zu zweit. Zur Zeitproblematik bei Jaspers, Freud und Binswanger. Frankfurt a.M. 1998.

Radbruch, Knut: Mathematik in den Geisteswissenschaften Göttingen 1989.

Reichel, Hans-Christian: Mathematik und Weltbild seit Kurt Gödel. In: Naturwissenschaft und Weltbild, hrsg. v. H.-Ch. Reichel und E. Prat de la Riba, S. 9–29. Wien 1992

Riedl, Rupert: Die Realität des Katers „Tom" und biologischer Entitäten überhaupt. In: Das Realismusproblem, hrsg. v. E. Oeser und E.M. Bonet. Verlag der Österr. Staatsdruckerei Wien 1988.

Riedl, Rupert: Die Strategie der Genesis. Naturgeschichte der realen Welt. Piper Verlag, München u. Zürich 1976.

Schelling, Friedrich Wilhelm Josef: Werke, hrsg. von M. Schröter, 5. Hauptbd., Philosophische Einleitung in die Philosophie der Mythologie oder Darstellung der reinrationalen Philosophie, 20. Vorlesung. Becksche Verlagsbuchhandlung. München 1965.

Schilling-Wollny, Kurt: Aristoteles' Gedanke der Philosophie. München 1928.

Schlick, Moritz (1934): Über das Fundament der Erkenntnis. In: Erkenntnis IV/1934.

Schwarz Gerhard: Philosophische Aspekte des Zeitproblems. In: Horvat, M.: Das Phänomen Zeit. Wien Gerold 1984.

Seitelberger, Franz: Das Zeitproblem – Neurobiologische Aspekte. In: M. Horvat: Das Phänomen Zeit. Gerold Wien 1984 S. 183–195.

Seitelberger, Franz: Nicht das Gehirn ist es, das denkt, sondern die Person. Instrument zur Überwindung der evolutionären Beschränkung. „Die Presse" vom 12./13.4.1986, Wien.

Sexl, Roman U.: Was die Welt zusammenhält. Physik auf der Suche nach dem Bauplan der Natur. Frankfurt a.M., Berlin, Wien 1984.

Stenzel, Julius: Der Begriff der Erleuchtung bei Platon. In: Drs., Kleine Schriften zur griechischen Philosophie. Darmstadt 1957, S. 151–170.

Taureck, Bernhard: Französische Philosophie im 20. Jahrhundert. Analysen, Texte, Kommentare. Reinbek bei Hamburg 1988.

Thiel, Nikolaus Matthias: Die Bedeutungen des Wortes Hypothesis bei Aristoteles. (Dissertation). Fulda. 1919.

Toeplitz, Otto: Das Verhältnis von Mathematik und Ideenlehre bei Plato. In: Quellen und Studien zur Geschichte der Mathematik, Astronomie und Physik, hrsg. v. 0. Neugebauer, J. Stenzel, O. Toeplitz. Abteilung B: Studien, Bd. I, (S. 3–33). Berlin 1931.

Toth, Imre: Das Parallelenproblem im Corpus Aristotelicum. In: Archive für History of Exact Sciences. Ed. by C. Truesdell. Volume 3. Berlin, Heidelberg, New York 1966/1967.

Toth, Imre: Die nicht-euklidische Geometrie in der Phänomenologie des Geistes. Wissenschaftstheoretische Betrachtungen zur Entwicklungsgeschichte der Mathematik. In: Philosophie als Beziehungswissenschaft. Festschrift für Julius Schaaf. Hrsg. v. W. F. Niebel und D. Leisegang. Frankfurt am Main 1974.

Walter, Rudolf (Hrsg.): Gelassenwerden. Freiburg i. B., Basel, Wien 1996.

Walter, Rudolf: Laß dir Zeit. Freiburg, Basel, Wien 1996.

Wang, L. J., A. Kuzmich & A. Dogariu: Gain-assisted superluminal light propagation. In: Nature, Vol. 406/issue no. 6793, S. 277–279.

Welsch, Wolfgang: Grundzüge und Perspektiven der Aristotelischen Sinneslehre. Klett-Cotta Stuttgart 1987.

Wittgenstein, Ludwig: Tractatus logico-philosophicus. Logisch-philosophische Abhandlung. Suhrkamp Verlag, Frankfurt am Main 1973.

Zeller, Eduard: Die Philosophie in ihrer geschichtlichen Entwicklung, 2. Teil, 2. Abt.: Aristoteles und die alten Peripatetiker. (2. Nachdr. der 4. Aufl., Leipzig 1921) Hildesheim, Zürich, New York 1990.

* 9 7 8 3 6 3 1 7 6 5 8 0 7 *